KOCHEN
auf Sparflamme

Kochen

auf Sparflamme

Texte und Rezepte: Susanne Bodensteiner / Martina Kittler
Fotos: Michael Wissing

GEMÜSE SATT

FLEISCH & GEFLÜGEL

FISCH

SÜSSES

SAISON-HIGHLIGHTS

143 KLEINE & GROSSE SPARTIPPS

WAS HEISST DENN EIGENTLICH »AUF SPARFLAMME«?

Knapp bei Kasse, aber trotzdem Lust auf leckeres Essen? Uns geht's nicht anders. Deshalb machen wir Rezepte für Leute, die noch nicht im Lotto gewonnen haben. Und **sparen beim Geld, nicht beim Genuss!**

Wir lassen Kaviar und Kalbsfilet beim Feinkosthändler, weil dafür unser monatliches Budget nicht reicht. Trotzdem **zaubern wir jeden Tag ein leckeres Essen** auf den Tisch.

Wir **kochen mit Zutaten**, die wir in jedem Supermarkt und beim Metzger, Fisch- oder Gemüsehändler um die Ecke **preiswert kaufen** können. Alltägliche Produkte, die in guter Qualität nicht die Welt kosten und **selbst in Bio-Version bezahlbar** sind. Und peppen alles **raffiniert** mit Gewürzen oder Kräutern auf. Die bekommen wir ebenfalls für wenig Geld im Supermarkt. Denn Rumrennerei möchten wir uns und Ihnen ersparen.

Wir kochen **Gerichte, die nicht nur satt, sondern auch was hermachen. 10 Euro für ein Essen für 4 – das muss reichen!** Meistens kosten die Zutaten **deutlich weniger.** Und keine Sorge: Auch wenn wir auf teure Convenience-Produkte verzichten, stehen wir nicht ewig in der Küche.

Schon beim Einkaufen sparen wir – weil wir die **Tricks der Super-märkte** kennen und deshalb mit kühlem Kopf unseren Einkaufskorb pa-cken. Und beim Werkeln in der Küche versuchen wir, **Energie zu sparen.**

Auf den **billigen 4er-Seiten** stellen wir **besondere Schnäppchen** vor: Lebensmittel, die wenig kosten, allen schmecken, flexibel und vielfach einsetzbar sind – also **ideal fürs abwechslungsreiche und genuss-volle Kochen auf Sparflamme.** Und wir geben viele Tipps, wie die Produkte lange frisch bleiben und ganz einfach was Besonderes für Gäste werden.

Und nun sparen wir uns noch mehr Worte und wünschen einfach viel Spaß und **guten Appetit beim genussvollen Kochen mit wenig Kohle!**

EINKAUFEN AUF SPARFLAMME

TIPPS GEGEN (SUPERMARKT-)TRICKS

Zu Hause Sonderangebote studieren, niemals hungrig oder durstig zum Einkaufen gehen und vorher unbedingt eine Einkaufsliste schreiben! Das schützt uns vor Spontankäufen, die wir später bereuen. Immerhin landen bei uns jährlich Lebensmittel im Wert von Milliarden Euro auf dem Müll, auch aus Privathaushalten. Weil die meisten von uns einfach mehr einkaufen, als sie tatsächlich brauchen.

Zielstrebig einkaufen! Supermärkte werden nach einem ausgeklügelten System eingerichtet. Für die Tüte Milch, die auf unserem Einkaufszettel steht, müssen wir erst den ganzen Laden durchqueren, vorbei an verlockenden Angeboten. Zögern Sie beim Zugreifen und kaufen Sie nur das, was Sie wirklich brauchen. Prüfen Sie vor allem Sonderangebote, die werbewirksam mitten im Gang aufgebaut sind. Das vermeintliche Schnäppchen ist oft teurer als ein ähnlicher Artikel, der unscheinbar im unteren Supermarktregal auf Käufer wartet.

Preisvergleich! Ist die Nussnugatcreme im Riesenglas tatsächlich günstiger als die im kleineren Becher? Nur ein Vergleich der Kilopreise gibt darüber Auskunft. Dieser Grundpreis muss im Supermarkt in der Nähe jedes fertig verpackten Produkts angegeben sein. Es lohnt sich, die Brille einzustecken. Denn die Grundpreise stehen oft auf winzigen Schildchen am Regal.

Mogelpackung entlarven! Der Lieblings-Frischkäse kommt zum alten Preis in neuer Aufmachung daher? Möglicherweise steckt im neu designten Schälchen viel weniger Inhalt. Das bedeutet: verdeckte Preiserhöhung!

Vorsicht, großer Verführer! Im XXL-Einkaufswagen wirkt das kleine Päckchen Frischkäse ganz verloren. Deshalb neigen wir dazu, schnell noch ein paar Produkte daneben zu legen.

In die Knie gehen für Schnäppchen In den Regalen stehen teure Markenartikel in bequemer Griff- und Sichthöhe. Für preisgünstigere »No-Names« müssen wir uns bücken.

KOCHEN AUF SPARFLAMME

ENERGIESPARTIPPS

Achtung Stromfresser: Alte Elektroherde so bald wie möglich abschalten! Ihre Gusseisenplatten brauchen sehr viel Zeit und damit Strom, um heiß zu werden. Und nach dem Kochen heizen sie auch noch ewig nach.

Mit weniger Energie kochen wir auf Glaskeramik-Herden. Und noch sparsamer arbeiten moderne Induktionsherde. Sie erhitzen nur das Kochgeschirr, nicht die Kochstelle.

Auf Sparflamme mit Gas: Gasherde erzeugen direkte Hitze. So entfällt der Energieanteil, der bei der Stromerzeugung verpufft. Außerdem lässt sich Gashitze perfekt regulieren.

Stromsparen? Reine Topfsache! Bei Elektroherden muss der Topf- oder Pfannenboden unbedingt plan aufliegen. Außerdem darf er nicht kleiner als die Herdplatte sein.

Kleine Tricks: Energiesparlampen anschaffen, auch für das Licht in der Dunstabzugshaube. Wasser für Nudeln oder Knödel im Wasserkocher erhitzen – das spart neben Energie auch Zeit. Küchenradio nachts vom Netz trennen, nicht auf Stand-by laufen lassen. Niemals warme Speisen in den Kühlschrank stellen. Der Erfolg lässt sich auf der nächsten Stromrechnung ablesen.

Mit Umluft backen! Das ist effizienter als mit Ober- und Unterhitze, weil die Temperatur dabei um 20 °C niedriger sein darf. Und nur, wenn Auflauf oder Toast weniger als 20 Minuten im Ofen zubringen sollen, müssen Umluft-Backöfen vorgeheizt werden.

Deckel drauf! Denn oben ohne oder mit schlecht sitzendem Deckel wird etwa dreimal so viel Energie zum Kochen gebraucht.

Salate

Knackiges für Preisbewusste

DIE BILLIGEN 4 FÜR DIE SALATBAR

KOPFSALAT

- →

Am billigsten und nährstoffreichsten von Mitte April bis Oktober, wenn er bei uns vom Freiland stammt / beim Einkauf auf hellen Strunk und frische, knackige Blätter achten / auf Treibhausware verzichten / lässt sich max. 2 Tage im Gemüsefach des Kühlschranks aufbewahren / Kopfsalatblätter verwandeln Käsestullen schnell in **Sandwiches** / in Streifchen geschnittene Salatblätter **über Suppe** (z. B. Kalte Lauchcreme, Seite 72) streuen / im Sommer ist Romanasalat, im Herbst Eisbergsalat, im Winter Endiviensalat eine billige Alternative / billig & gästefein: **Kopfsalat mit essbaren Blüten** (z. B. von Kapuzinerkresse, ungespritzten Gänseblümchen, Phlox oder Stiefmütterchen) aus dem Garten servieren.

KRÄUTER

←- -

Bundweise und im Topf in jedem Supermarkt günstig / fast umsonst aus dem eigenen Garten oder vom Balkon: Im Frühjahr Setzlinge aus der Gärtnerei einpflanzen, von Frühsommer bis Herbst frisch ernten, für den Winter trocknen oder tiefgefrieren / **Koriander, Salbei, Rucola & Co. geben für knapp 1 € alltäglichen Lebensmitteln raffinierten Frischekick / grüne Allrounder** sind Schnittlauch und Petersilie / billig & gästefein: für **frittierte Kräuter** Petersilien- oder Salbeiblättchen in Mehl wenden, in heißem Öl kurz frittieren, auf Küchenpapier entfetten und als knusprige Deko über Nudelsauce oder Rindfleisch-Ragout (Seite 94) streuen.

FRÜHLINGSZWIEBELN

Am billigsten und besten von April bis Oktober / bundweise in jedem Supermarkt für weniger als 1 € zu bekommen / wenig Putzabfall – das Grün in Röllchen schneiden und wie Schnittlauch verwenden / **Frischetest:** Frühlingszwiebeln sollen quietschen, wenn man sie aneinanderreibt / die Zwiebeln max. 3 Tage im Gemüsefach des Kühlschranks aufbewahren / **scharf-würzige Frische für Frühlingssalat** (Seite 16), **Frühlingsquark** (Seite 110) und **Joghurtsauce** (Seite 42) / billig & büfetttauglich: **Bulgursalat** mit Radieschen (Seite 22).

MÖHREN

Rund ums Jahr gut und günstig – auch in Bio-Version / in Plastik verpackt mind. 1 Woche im Gemüsefach des Kühlschranks haltbar / im Frühling frische Bundmöhren mit fedrigem Grün wählen / geschält und in Sticks geschnitten eine **Knabber-Alternative** zu Chips & Co. / **international im Einsatz:** baden gern in asiatisch gewürzter Kokosmilch (Seite 74) und in bodenständiger Ragoutsauce (Seite 94) / Möhren aus der Region bevorzugen, das spart Transportwege / billig & gästefein: Toastbrot mit **Möhrenbutter** (Seite 34) bestreichen und zu Lauchcreme (Seite 72) servieren.

4 × BILLIGE FRISCHE ...

MIT KOPFSALAT UND KRÄUTERN

Für 4 Personen

1 **Kopfsalat** putzen, waschen und trocken schleudern, Blätter mundgerecht zerpflücken. 2 **Bundmöhren** putzen, schälen und grob raffeln. 3 **Frühlingszwiebeln** putzen, waschen, das Weiße und Hellgrüne in feine Ringe schneiden. 150 g **Joghurt** mit 100 g **Sahne** und 1 EL **Zitronensaft** in einer Schüssel verrühren. **Salzen** und **pfeffern**. ½ Bund **Petersilie** waschen, trocken schütteln, Blätter abzupfen und hacken. Die **Kresse** von einem Kästchen abschneiden und mit der Petersilie unterrühren. Kopfsalat, Möhren und Frühlingszwiebeln auf vier Tellern anrichten, mit dem Kräuterjoghurt überziehen.

ETWAS TEURER: 2 EL Pinienkerne in einer Pfanne rösten und auf den Salat streuen.

MIT ROMANASALAT UND RUCOLA

Für 4 Personen

1 kleinen **Romanasalat** putzen, waschen, trocken schleudern und in breite Streifen schneiden. 50 g **Rucola** waschen, trocken schütteln und harte Stiele abknipsen. ½ **Salatgurke** schälen, längs halbieren und in dünne Scheiben schneiden. 250 g **Kirschtomaten** waschen und halbieren, dabei den Stielansatz entfernen. Für die Sauce 3 EL **Rotweinessig**, 1 TL scharfen **Senf**, **Salz** und **Pfeffer** verrühren. 6 EL **Olivenöl** unterschlagen. Romanasalat und Rucola mischen, auf vier Tellern anrichten. Tomaten und Gurke darauf verteilen. Mit der Salatsauce beträufeln.

ETWAS TEURER: 60 g Parmesan mit dem Sparschäler in Streifen hobeln und auf den Salat streuen.

... für Frühling, Sommer, Herbst und Winter: Blattsalate mit Biss – knackig, frisch und mit richtig viel drin.

MIT EISBERGSALAT UND PILZEN

Für 4 Personen

1 kleinen **Eisbergsalat** putzen, waschen, trocken schleudern und mundgerecht zupfen. 200 g **Champignons** putzen, trocken abreiben und in dünne Scheiben schneiden. 1 gelbe **Paprikaschote** halbieren, putzen, waschen und in feine Streifen schneiden. 50 g durchwachsenen **Speck** in kleine Würfel schneiden und in einer Pfanne in 1 EL **Öl** kross ausbraten. Herausnehmen und beiseitestellen. Die **Pilze** im Speckfett bei mittlerer Hitze ca. 5 Min. braten. 1 **Knoblauchzehe** schälen, dazupressen und kurz mitbraten. Pilze herausnehmen, salzen und pfeffern. Den Bratensatz mit 100 ml **Hühnerbrühe** loskochen, dann mit 2 EL **Weißweinessig**, **Salz**, **Pfeffer** und 3 EL **Rapsöl** verrühren. Salat darin wenden. Auf Teller verteilen, Pilze, Paprika und Speck daraufstreuen.

MIT ENDIVIENSALAT UND NÜSSEN

Für 4 Personen

50 g **Haselnüsse** grob hacken und in einer Pfanne ohne Fett rösten, bis sie duften. Vom Herd nehmen und abkühlen lassen. 350 g **Endiviensalat** waschen, putzen und trocken schleudern. Die Blätter in knapp zentimeterbreite Streifen schneiden. 1 **Orange** mit einem Messer so schälen, dass auch die weiße Haut entfernt wird. Die Fruchtfilets über einer Schüssel herausschneiden, dabei den Orangensaft auffangen. 1 **Schalotte** schälen und fein würfeln. 3 EL **Weißweinessig** und 3 EL Orangensaft mit **Salz**, **Pfeffer**, 2 TL körnigem **Senf** und 2 TL flüssigem **Honig** verrühren. 5 EL **Rapsöl** nach und nach unterschlagen. Die Schalottenwürfel dazugeben. Salat und Orangenfilets mit der Vinaigrette mischen und mit den Nüssen bestreuen.

4 X BILLIGES SALAT-TOPPING

PAPRIKA-CROÛTONS

Für 4 Personen

Den Backofen-Grill oder den Backofen auf höchster Stufe vorheizen. 1 rote **Paprikaschote** vierteln, Trennwände und Kerne entfernen, die Viertel waschen und abtrocknen. Auf ein Blech legen und unter dem Grill 8–10 Min. rösten, bis die Haut schwarz wird. Etwas abkühlen lassen, dann die Haut abziehen und die Paprika in kleine Würfel schneiden. Inzwischen 3 Scheiben **Toastbrot** klein würfeln. In einer Pfanne 2 TL **Butter** erhitzen, die Brotwürfel darin in ca. 5 Min. unter Wenden goldbraun braten. 1 **Knoblauchzehe** schälen, dazupressen und kurz mitbraten. Paprika und Brotwürfel mischen, **salzen** und **pfeffern**, über einen angemachten Blattsalat streuen.

ETWAS TEURER: Wer es eilig hat, nimmt alternativ gegrillte, geröstete rote Paprika aus dem Glas statt der frischen.

PUTEN-GYROS

Für 4 Personen

250 g **Putenschnitzel** kalt abbrausen, trocken tupfen und in feine Streifen schneiden. 3 EL **Olivenöl** mit 1–2 TL **Gyrosgewürz**, ½ TL rosenscharfem **Paprikapulver** und 1 TL getrocknetem **Oregano** verrühren. 1 **Knoblauchzehe** schälen und dazupressen. Das Fleisch darin wenden und ca. 1 Std. marinieren. Eine Pfanne ohne Fett stark erhitzen und das Fleisch ca. 5 Min. rundherum kräftig anbraten. Herausnehmen und auf einem angemachten Salat verteilen.

Salat als Hauptgericht: leicht und doch sättigend – mit kleinen, raffinierten Extras aufgepeppt.

ZITRONEN–MoZZARELLA

Für 4 Personen

250 g **Mozzarella** abtropfen lassen, trocken tupfen, in 1–2 cm große Stücke schneiden und in eine Schüssel geben. Die Schale von ½ **Bio-Zitrone** abreiben, 1–2 EL Saft auspressen. Zitronenschale und -saft mit **Salz**, **Pfeffer** und 4 EL **Olivenöl** verrühren. 1 EL kleine **Kapern** in die Marinade geben. Über den Mozzarella gießen und zugedeckt 30 Min. ziehen lassen. Zum Servieren den Mozzarella aus der Marinade heben und mit einem gemischten Blattsalat anrichten. Nach Belieben das Ganze noch mit einigen Basilikumblättern garnieren.

TIPP : Die übrige Marinade als Dressing für einen Salat verwenden.

KNUSPER–oLIVEN

Für 4 Personen

In einer Schüssel 125 g **Mehl**, 200 ml **Bier** und ¼ TL **Salz** mit dem Schneebesen glatt rühren. 15 Min. ruhen lassen. Inzwischen 160 g **grüne Oliven** (entsteint) abtropfen lassen und mit Küchenpapier trocken tupfen. Die Oliven unter den Teig rühren. In einer kleinen Pfanne ½ l **Öl** oder Fett zum Frittieren erhitzen. Es ist heiß genug, wenn an einem hineingehaltenen Holzstäbchen Bläschen aufsteigen. Die Oliven mit einer Schaumkelle portionsweise aus dem Teig heben und in das heiße Öl gleiten lassen. In 3–4 Min. goldgelb frittieren. Mit einer sauberen Schaumkelle herausnehmen und auf Küchenpapier entfetten. Als Topping zu einem gemischten Blattsalat servieren.

ANANAS—COLESLAW

Kohldampf-Killer – mit knackigem Biss und viel Aroma

FÜR 4 PERSONEN

600 g Weißkohl
Salz
2 mittelgroße Möhren
1 Dose Ananasscheiben
(140 g Abtropfgewicht)
4 EL Salatmayonnaise
200 g Joghurt
2 TL scharfer Senf
4 EL Weißweinessig
Pfeffer
½ Bund Schnittlauch
30 g gesalzene Erdnüsse

PRO PERSON: 230 KAL.
ZUBEREITUNGSZEIT: 30 MIN.
+ 1 STD. ZIEHEN

1 Den Weißkohl putzen, waschen, den Strunk entfernen und den Kohl in feine Streifen schneiden. In eine Schüssel geben und mit 1 TL Salz gut durchkneten. Die Möhren putzen, schälen und grob raspeln. Die Ananas abtropfen lassen, dabei 2 EL Ananassaft auffangen, die Ananasscheiben in Stücke schneiden.

2 Die Salatmayonnaise mit dem Joghurt, 2 EL Ananassaft, Senf, Essig, Salz und Pfeffer verrühren. Das Dressing mit den Kohlstreifen, den Möhrenraspeln und der Ananas mischen und zugedeckt ca. 1 Std. durchziehen lassen.

3 Den Schnittlauch waschen, trocken schütteln, in feine Röllchen schneiden und unter den Salat heben. Die Erdnüsse grob hacken und vor dem Servieren über den Salat streuen. Den Salat nach Belieben mit Pfeffer übermahlen.

PASST GUT DAZU: Chicken wings (Seite 96) oder kurz gebratenes Putenschnitzel.

BULGURSALAT MIT RADIESCHEN

Mit frischer Joghurtsauce und Schärfe-Kick

FÜR 4 PERSONEN

- -

400 ml Gemüsebrühe
4 EL Olivenöl
250 g Bulgur
1 Bund Radieschen
3 Frühlingszwiebeln
4 EL Zitronensaft
Salz
Pfeffer
300 g Joghurt
½–1 TL Chiliflocken
(ersatzweise ¼–½ TL Cayennepfeffer)
75 g Rucola

- -

PRO PERSON: 360 KAL.
ZUBEREITUNGSZEIT: 35 MIN.

1 Die Gemüsebrühe mit 2 EL Olivenöl erhitzen. Den Bulgur einstreuen und zugedeckt bei schwacher Hitze ca. 15 Min. quellen lassen.

2 Die Radieschen putzen, waschen und in dünne Scheiben schneiden. Frühlingszwiebeln putzen, waschen und in feine Ringe schneiden. Bulgur auflockern, mit dem Zitronensaft, Salz, Pfeffer und dem restlichen Öl vermischen. Radieschen und Frühlingszwiebeln unterheben.

3 Für das Dressing den Joghurt mit Salz, 6 EL Wasser und den Chiliflocken verrühren.

4 Den Salat noch einmal kräftig mit Salz und Pfeffer abschmecken. Den Rucola putzen, dabei die harten Stiele abknipsen. Rucola waschen und trocken schütteln, grob hacken oder kleiner zupfen und kurz vor dem Servieren unter den Salat heben. Die Joghurtsauce dazu reichen.

ETWAS TEURER: Einen türkisch-griechischen Touch bekommt der Bulgursalat, wenn man Feta (Schafskäse) zerbröckelt und darüberstreut.

PASST GUT DAZU: Gegrillte Makrelen (Seite 112).

NUDELSALAT MIT GERÄUCHERTER FORELLE

Mit Thymianduft und Brutzel-Zucchini – ein preiswerter Familien-Hit

FÜR 4 PERSONEN

- **200 g Farfalle- oder Fusilli-Nudeln**
- **Salz**
- **3 EL Zitronensaft**
- **Pfeffer**
- **1–2 TL Meerrettich** (aus dem Glas)
- **6 EL Rapsöl**
- **1 mittelgroßer Zucchino**
- **125 g Kirschtomaten**
- **4 Zweige Thymian**
- (oder 1 TL getrockneter Thymian)
- **125 g geräucherte Forellenfilets**
- (ohne Haut)
- **1 Bund Petersilie**

PRO PERSON: 370 KAL.
ZUBEREITUNGSZEIT: 30 MIN.

1 Die Nudeln in reichlich Salzwasser nach Packungsanweisung bissfest garen. Dann abgießen, lauwarm abbrausen und abtropfen lassen.

2 Inzwischen den Zitronensaft mit Salz, Pfeffer und Meerrettich in einer großen Schüssel verquirlen. 4 EL Öl nach und nach unterschlagen. Die Nudeln dazugeben und darin wenden.

3 Den Zucchino putzen, waschen und in dünne Scheiben schneiden. Die Tomaten waschen und halbieren oder vierteln, dabei den Stielansatz entfernen. Thymian waschen, trocken schütteln, die Blättchen abzupfen und klein schneiden.

4 Das restliche Öl in einer Pfanne stark erhitzen. Zucchino mit dem Thymian darin unter Wenden ca. 1 Min. anbraten, salzen. Zucchino mit Öl und der Dünstflüssigkeit zu den Nudeln geben.

5 Die Forellenfilets in Stücke teilen. Die Petersilie waschen, trocken schütteln, die Blätter abzupfen und fein schneiden. Forelle, Tomaten und Petersilie zu den Nudeln in die Schüssel geben, alles vorsichtig vermischen. Mit Salz und Pfeffer abschmecken.

ETWAS TEURER: Auch sehr fein – die Forelle durch geräucherten Lachs ersetzen.

BLUMENKOHL-KARTOFFEL-SALAT

Mit frischem Grün eine tolle Knollenversion

FÜR 4 PERSONEN

600 g festkochende Kartoffeln
1 kleiner Blumenkohl (ca. 500 g)
1 Zwiebel
Salz
2 EL Weißweinessig
Pfeffer
6 EL Olivenöl
1 EL Kapern (aus dem Glas)
75 g gewürfelter Katenschinken
(aus dem Kühlregal)
2 Mini-Romanasalate

PRO PERSON: 275 KAL.
ZUBEREITUNGSZEIT: 40 MIN.
+ 15 MIN. ZIEHEN

1 Die Kartoffeln schälen, waschen und in ½ cm dünne Scheiben schneiden. Den Blumenkohl putzen, in Röschen teilen, waschen und abtropfen lassen. Die Zwiebel schälen und fein würfeln.

2 In einem Topf 1 ½ l Salzwasser zum Kochen bringen. Die Kartoffelscheiben darin 5–6 Min. garen, mit einer Schaumkelle herausnehmen. Den Blumenkohl in das Kochwasser geben und in 3–4 Min. bissfest garen. Blumenkohl ebenfalls herausheben und abtropfen lassen.

3 Vom Kochsud 150 ml abnehmen und in einer Schüssel mit Essig, Salz, Pfeffer und Öl verrühren. Zwiebel, Kartoffeln und Blumenkohl unter das Dressing heben, dann die Kapern und den Katenschinken untermischen. Salzen und pfeffern.

4 Die Romanasalate putzen, waschen, trocken schleudern und in mundgerechte Stücke zupfen. Zum Schluss vorsichtig unter den Kartoffelsalat heben. Den Salat ca. 15 Min. ziehen lassen.

PASST GUT DAZU: Chicken wings (Seite 96) oder Fisch-Frikadellen (Seite 114).

LINSENSALAT MIT INGWER

Trendy: Billig-Linsen mit Asia-Touch

1 Die Linsen in einem Sieb waschen, mit je 1 Prise Pfeffer, Kreuzkümmel und Koriander und ca. 700 ml Wasser in einen Topf geben und aufkochen.

2 Die Hitze herunterschalten und die Linsen 30–40 Min. zugedeckt köcheln, bis sie sehr weich sind. Gegarte Linsen in ein Sieb abschütten, dabei etwas Kochwasser auffangen. Linsen abkühlen lassen.

3 Inzwischen den Ingwer schälen und sehr fein hacken. Den Lauch putzen, gründlich waschen und ebenfalls fein hacken. In einer Pfanne 1 EL Öl erhitzen und den Ingwer und den Lauch darin 1–2 Min. andünsten. Spitzpaprika halbieren, Trennwände und Kerne entfernen, die Hälften waschen und sehr klein würfeln. Die Möhren putzen, schälen und ebenfalls sehr klein würfeln. Koriandergrün abbrausen, trocken schütteln und die Blätter in Streifen schneiden. Mit der Lauch-Ingwer-Mischung, den Linsen und den Möhren- und Paprikawürfeln mischen.

4 Für das Dressing die Limette heiß waschen und abtrocknen. 1 TL Schale abreiben und den Saft auspressen. 1–2 EL Saft mit der Limettenschale, 2 EL Linsenkochwasser, dem Zucker und dem restlichen Öl verrühren und mit Salz und Pfeffer kräftig würzen. Linsenmischung mit dem Dressing verrühren und mind. 10 Min. ziehen lassen. Den Salat nochmals abschmecken und servieren.

ZEITSPAR-TIPP: Junger, frischer Lauch muss nicht einmal gedünstet werden. Einfach gründlich waschen, sehr fein würfeln und mit ganz frischem gehacktem Ingwer roh unter die Linsen rühren.

FÜR 4 PERSONEN

200 g braune Linsen (z. B. Berglinsen)
Pfeffer
gemahlener Kreuzkümmel und Koriander
1 Stück Ingwer (3–4 cm)
1 kleines Stück Lauchstange (7–8 cm)
5 EL Öl
1 rote Spitzpaprikaschote
2 kleine Möhren
1 Bund Koriandergrün
(ersatzweise Petersilie)
1 Bio-Limette
1 TL Zucker
Salz

PRO PERSON: 275 KAL.
ZUBEREITUNGSZEIT: 20 MIN.
+ 40 MIN. GAREN

BROTE & SNACKS

Häppchen für Schnäppchenfänger

DIE BILLIGEN 4 FÜR DEN KLEINEN HUNGER

BAGUETTE

Besonders preiswert aus dem Supermarkt zum Selbst-Aufbacken / beste Basis für Sandwiches und Pizza-Baguette (Seite 36) / kann Ciabatta als **Hähnchenfüllung** ersetzen (Seite 102) / schnelle **Beilage** für gegrillte Makrelen mit Rucolasalat (Seite 112) / **ideal zum Saucendippen** beim Rindfleisch-Ragout (Seite 94) / altes Baguette würfeln und in Olivenöl mit Knoblauch zu **Croûtons** ausbacken oder in der Küchenmaschine zu Semmelbröseln verarbeiten / billig & gästefein: Baguette in Scheiben schneiden, 3–5 Min. im 225° heißen Ofen rösten und als **Crostini** servieren, z. B. mit Makrelencreme, (Seite 34), Linsen-Paprika-Paste (Seite 35), Schweine-Rillette (Seite 35) oder Pesto mit Petersilie und Nüssen (Seite 54).

EI

In jedem Supermarkt für wenige Cent – auch in Bio-Version / nicht am billigsten, aber am besten von Hühnern aus Ökohaltung (0) oder Freilandhaltung (1) / Frische Eier (höchstens 10 Tage alt) lassen sich leichter trennen, schaumiger aufschlagen und schöner als **Spiegelei** zubereiten / Eier im Kühlschrank im Karton aufheben – so bleiben sie frisch / Grundzutat für **Pfannkuchen** (Seite 80) und **Kaiserschmarren** (Seite 122) / Eier peppen Bratreis (Seite 58) auf / billig & gästefein: **für pochierte Eier** Salzwasser mit einem Schuss Essig aufkochen, dann vom Herd ziehen. Pro Portion je 1 Ei in einer Tasse aufschlagen, ins heiße Wasser gleiten und bei ganz kleiner Hitze in 4–6 Min. gar ziehen lassen. Als **feine Vorspeise** auf einem Salatbett servieren.

APFEL

Preiswerter Snack aus dem Paradies / am billigsten und besten frisch geerntet im Herbst / **Bio lohnt sich, denn unter der Schale sitzen die meisten Vitamine** / Äpfel am besten nebeneinander und kühl lagern / werden neben Bananen schnell schrumpelig / liefern fruchtige Süße für **Desserts** (z. B. Apfelmus-Crunch, Seite 132) und **würzige Cremes** (z. B. Apfel-Lauch-Creme für Tramezzini, Seite 38) / prima zu süßen **Pfannkuchen** / billig & gästefein: für **normannische Bratäpfel** Äpfel schälen, halbieren und entkernen. Jede Hälfte mit 1 Klecks Crème fraîche und 1 TL braunem Zucker garnieren und in einer gebutterten Form im vorgeheizten Backofen bei 200° in 20–30 Min. weich garen.

FRISCHKÄSE & CO.

In jedem Supermarkt in verschiedenen Fettstufen gut und günstig, auch als krümelig-trockener körniger Frischkäse, Schichtkäse, Quark, Topfen oder Mozzarella / **rettet das Pausenbrot** – mit Zucchiniraspeln, Tomatenscheiben, Paprikawürfeln, Schnittlauchröllchen oder Kresseblättchen **billig, bunt und abwechslungsreich** / Frischkäse grundsätzlich im Kühlschrank aufbewahren, geöffnete Packungen zügig aufbrauchen, Mozzarella lässt sich ohne Lake gar nicht aufheben / im Einsatz als **Brotaufstrich** (z. B. Makrelencreme, Seite 34) , in cremiger **Nudelsauce** (z. B. mit Fenchel und Käse, Seite 55) oder als **Pfannkuchen-Füllung** (Seite 80) / billig & gästefein: Zitronen-Mozzarella (Seite 19) auf Blattsalat anrichten und mit Basilikum und Zitronenzesten garniert servieren.

4 X BILLIGER BROTAUFSTRICH ...

... für clevere Brotzeit-Fans: statt Butter, Wurst und Käse feine Cremes und würzige Pasten aufstreichen.

MAKRELENCREME

Für 4 Personen

125 g geräuchertes **Pfeffermakrelenfilet** von Haut und Gräten befreien und in Stücke schneiden. Mit 200 g **Halbfett-Frischkäse** und 1 TL **Meerrettich** (aus dem Glas) im Mixer fein pürieren. Mit 1 TL **Zitronensaft**, **Salz** und **Pfeffer** abschmecken. ½ Bund **Petersilie** waschen, trocken schütteln, die Blätter abzupfen, grob schneiden und unterheben. Die Makrelencreme in einer kleinen Schale servieren.

ETWAS TEURER: Das Makrelenfilet durch geräucherten Lachs ersetzen – fein für Gäste!

MÖHRENBUTTER

Für 6 Personen

1 kleine **Möhre** putzen, schälen und fein reiben. 150 g weiche **Butter**, 2 EL **Joghurt** und 2 TL körnigen **Senf** mit einer Gabel zerdrücken. Möhrenraspel und 1 EL **Schnittlauchröllchen** dazugeben, alles gut vermischen. Mit **Salz**, **Pfeffer** und ¼ TL abgeriebener **Bio-Zitronenschale** würzen. In einer kleinen Schale servieren.

TIPP: Für »Buttertaler« zu kurz gebratenem Fleisch den Mix auf ein Stück Pergamentpapier geben, das Papier über die Butter klappen und zu einer Rolle formen. Vor dem Aufschneiden mindestens 2 Std. kühl stellen.

SCHWEINE-RILLETTE

Für 8–10 Personen

Von 400 g **Schweinebauch** die Schwarte abschneiden. Bauch und 300 g **Schweine-nacken** waschen, trocken tupfen, würfeln und mit 2 **Gewürznelken** und 1 **Lorbeerblatt** in einen Topf geben. ¼ l **Fleischbrühe** dazugießen. Alles zugedeckt bei mittlerer Hitze 3–4 Std. kochen, bis das Fleisch zerfällt, dabei nach und nach 300 ml Fleischbrühe dazugießen. 1 **Zwie-bel** und 2 **Knoblauchzehen** schälen, fein wür-feln, in 1 EL **Schweineschmalz** glasig dünsten, zum Fleisch geben. Mit 1 EL frisch gehacktem **Majoran**, **Salz** und **Pfeffer** würzen. 100 g Schweineschmalz hinzufügen und alles mit einem Kochlöffel zu einer streichfähigen Masse verrühren. Rillette in ein ausgespültes Gefäß (Glas oder Steingut) füllen, mit 50 g zerlassenem Schweineschmalz übergießen und fest werden lassen. Im Kühlschrank 2–3 Monate haltbar.

LINSEN-PAPRIKA-PASTE

Für 4 Personen

1 kleine **Zwiebel** und 1 **Knoblauchzehe** schälen und fein würfeln. 1 rote **Spitzpaprika** halbieren, Trennwände und Kerne entfernen, die Hälften waschen und in kleine Würfel schneiden. 1 EL **Olivenöl** in einem Topf erhitzen. Zwiebel, Knob-lauch und Paprika dazugeben und unter Rühren bei mittlerer Hitze 2–3 Min. andünsten. 75 g **rote Linsen** und 1 EL **Tomatenmark** hinzufügen, kurz anbraten. 100 ml **Gemüsebrühe** dazugießen, aufkochen und zugedeckt bei schwacher Hitze 10–12 Min. quellen lassen. Die Mischung im Mixer oder mit dem Pürierstab fein pürieren. Mit **Salz**, **Pfeffer** und ½ TL gemahlenem **Kreuz-kümmel** abschmecken.

TIPP: Ein wenig Schärfe gefällig? Harissa, die tunesische Chilipaste aus Tube oder Glas, gibt dem Aufstrich Feuer.

PIZZA-BAGUETTE MIT PILZEN

Italien zum Anbeißen – knusprig und blitzschnell fertig

FÜR 4 PERSONEN

500 g stückige Tomaten (Tetrapak)
Salz
Pfeffer
1–2 TL getrocknete italienische Kräuter
400 g Champignons oder Egerlinge
2 Knoblauchzehen
4 EL Olivenöl
100 g Ringsalami
100 g Emmentaler
2 Baguettes (à 200–250 g)

PRO PERSON: 650 KAL.
ZUBEREITUNGSZEIT: 30 MIN.
+ 15 MIN. BACKEN

1 Die Tomaten mit Salz, Pfeffer und 1 TL italienischen Kräutern abschmecken. Die Pilze putzen, trocken abreiben und in dünne Scheiben schneiden. Den Knoblauch schälen und fein hacken.

2 In einer Pfanne 2 EL Öl erhitzen, Pilze und Knoblauch darin ca. 5 Min. braten, bis die Flüssigkeit verdampft ist. Mit Salz, Pfeffer und den restlichen Kräutern würzen. Vom Herd nehmen.

3 Die Salami häuten und in sehr dünne Scheiben schneiden. Den Käse entrinden und reiben.

4 Den Backofen auf 220° (Umluft 200°) vorheizen. Die Baguettes längs aufschneiden. Auf ein Blech legen und mit zwei Dritteln der Tomatenmasse bestreichen. Die Pilzmischung und die Salami daraufgeben und die restliche Tomatenmasse darauf verteilen. Mit dem restlichen Öl beträufeln und mit dem Käse bestreuen. Im Ofen (2. Schiene von unten) 12–15 Min. überbacken.

TIPP: Die Brote sind der Hit zu einem Glas Wein, aber auch als kleiner Snack für zwischendurch geeignet.

PASST GUT DAZU: Kopfsalat mit Kräutern oder Romanasalat mit Rucola (beide Seite 16).

TRAMEZZINI MIT APFEL–LAUCH–CREME

Würziger Veggie-Snack für wenig Geld

FÜR 4 PERSONEN

----

200 g saure Sahne
2 EL Mayonnaise
1 TL Currypulver
Salz
Pfeffer
1 kleiner fester grüner Apfel
1 kleines Stück Lauchstange (7–10 cm)
1 kleiner Radicchiosalat
8–10 Scheiben Sandwichbrot
2 EL Mandelstifte (nach Belieben)

PRO PERSON: 295 KAL.
ZUBEREITUNGSZEIT: 20 MIN.

1 Die saure Sahne in einer Schüssel mit Mayonnaise und Currypulver verrühren und mit Salz und Pfeffer abschmecken.

2 Den Apfel schälen, vierteln, das Kerngehäuse entfernen und die Viertel in feine Würfel schneiden. Den Lauch putzen, gründlich waschen und ebenfalls klein würfeln. Apfel- und Lauchstückchen unter die Currycreme rühren.

3 Den Radicchio putzen und in Blätter teilen. Die Blätter waschen und trocken schleudern. Die Hälfte der Brotscheiben mit dem Radicchio belegen. Die Apfel-Lauch-Creme darauf verteilen. Die Mandelstifte in einer Pfanne ohne Fett anrösten und daraufstreuen. Die restlichen Brotscheiben auf die belegten Scheiben legen und fest andrücken. Die Tramezzini nach Belieben ein- oder zweimal diagonal durchschneiden.

NOCH BILLIGER: Die Tramezzini mit Eis- oder Kopfsalatblättern zubereiten. Schmeckt auch Kindern besser, sie mögen oft die bittere Note des Radicchios nicht.

BAUERNBROT MIT PAPRIKARÜHREI UND KABANOSSI

Hochstapler für richtig Hungrige

FÜR 4 PERSONEN

----

1 Zwiebel
1 Knoblauchzehe
1 rote Spitzpaprikaschote
80 g Kabanossi
2–3 EL Olivenöl
4 dicke Scheiben Bauernbrot
6 Eier (Größe L)
80 ml Milch oder Sahne
Salz
rosenscharfes Paprikapulver
2 Fleischtomaten
frische Thymianblättchen (nach Belieben)

PRO PERSON: 410 KAL.
ZUBEREITUNGSZEIT: 30 MIN.

1 Zwiebel und Knoblauch schälen und klein hacken. Spitzpaprika halbieren, Trennwände und Kerne entfernen, die Hälften waschen und in feine Streifen schneiden. Kabanossi fein würfeln.

2 1 EL Olivenöl in einer Pfanne erhitzen. Zwiebel, Knoblauch und Paprikastreifen darin kurz anbraten, dann ca. 10 Min. dünsten. Inzwischen das Bauernbrot nach Belieben halbieren, in einer zweiten Pfanne im restlichen Olivenöl knusprig braten, herausnehmen und mit Küchenpapier abtupfen. Die Kabanossi in der Pfanne anbraten.

3 Die Eier mit der Milch oder Sahne verquirlen und mit Salz und Paprika kräftig würzen. Die Röstbrote auf Teller legen. Die Tomaten waschen, ohne den Stielansatz in dünne Scheiben schneiden, auf den Brothälften verteilen und salzen.

4 Die Eiermasse zusammen mit den angebratenen Kabanossiwürfeln in die Pfanne zu den Paprikastreifen geben und bei schwacher Hitze unter Rühren leicht stocken lassen. Das Rührei auf den Tomatenbroten verteilen, nach Belieben mit Thymianblättchen garnieren und sofort servieren.

FALAFEL MIT JOGHURTSAUCE

Goldene Bällchen mit einer Prise Orient

1 Die Kichererbsen über Nacht in reichlich kaltem Wasser einweichen, dann abtropfen lassen.

2 Am nächsten Tag die weißen Bohnen in ein Sieb abgießen, abbrausen und gut abtropfen lassen. Die Frühlingszwiebeln putzen, waschen, das Weiße und Hellgrüne fein schneiden. Die Petersilie waschen, trocken schütteln, die Blätter abzupfen und die Hälfte grob schneiden.

3 Kichererbsen, Bohnen, Frühlingszwiebeln, die geschnittene Petersilie, Salz, Pfeffer und Kreuzkümmel in der Küchenmaschine oder mit dem Pürierstab zu einer fein stückigen Paste pürieren. Das Backpulver in 1 EL Wasser auflösen und unter die Masse mischen. Mit nassen Händen 16 glatte Kugeln aus dem Teig formen.

4 Eine große Pfanne höchstens ein Drittel hoch mit Öl füllen und dieses stark erhitzen. Die Falafel darin in 2–3 Portionen in jeweils 3–4 Min. goldbraun frittieren. Auf Küchenpapier entfetten.

5 Inzwischen den Joghurt mit Salz verrühren. Die Zitrone heiß waschen und abtrocknen, die Schale fein abreiben und den Saft auspressen. Saft und Schale mit dem Joghurt verrühren. Zu den heißen Falafel servieren. Die restliche Petersilie klein schneiden und darüberstreuen.

PASST GUT DAZU: Romanasalat mit Rucola (Seite 16).

ETWAS TEURER: Für einen kernigen Biss die Falafel vor dem Frittieren in Sesam wälzen.

FÜR 4 PERSONEN

- 125 g getrocknete Kichererbsen
- 125 g weiße Bohnen (aus der Dose)
- 2 zarte Frühlingszwiebeln
- 1 Bund Petersilie
- Salz
- Pfeffer
- 2 TL gemahlener Kreuzkümmel
- 2 TL Backpulver
- 300 g Sahnejoghurt
- ½ Bio-Zitrone
- ca. 1 l Öl oder Fett zum Frittieren

PRO PERSON: 335 KAL.
ZUBEREITUNGSZEIT: 35 MIN.
+ 12 STD. EINWEICHEN

AVOCADO-WRAPS MIT SCHINKEN

Mexiko von der Rolle – mit Biss, Schärfe und Würze

1 Die Avocado halbieren, den Stein entfernen und das Fruchtfleisch mit einem Löffel herausheben. Mit Joghurt und Zitronensaft in eine hohe Rührschüssel geben.

FÜR 4 PERSONEN

- **1 große reife Avocado**
- **150 g Joghurt**
- **2 EL Zitronensaft**
- **1 Knoblauchzehe**
- **Salz**
- **1 Bund Koriandergrün** (ersatzweise Petersilie)
- **2 rote Spitzpaprikaschoten**
- **½ Salatgurke** (ca. 200 g)
- **200 g gekochter Schinken**
- **8 Weizen-Tortillafladen** (Ø 20 cm)
- **8 EL Sweet Chili-Sauce**

PRO PERSON: 470 KAL.
ZUBEREITUNGSZEIT: 30 MIN.

2 Den Knoblauch schälen, fein hacken, dazugeben und alles mit dem Pürierstab fein pürieren und salzen. Das Koriandergrün abbrausen, trocken schütteln, die Blätter abzupfen. Die Hälfte davon klein schneiden und unter die Avocadocreme mischen.

3 Die Paprika halbieren, Trennwände und Kerne entfernen, die Hälften waschen und in feine Streifen schneiden. Die Gurke schälen und in feine Stifte schneiden. Den Schinken ebenfalls in feine Streifen schneiden.

4 Die Tortillafladen nach Packungsangabe erwärmen und die Avocadocreme daraufstreichen, dabei einen Rand frei lassen. Paprika-, Gurken- und Schinkenstreifen auf der Avocadocreme verteilen und mit je 1 EL Sweet-Chili-Sauce beträufeln. Mit den restlichen Korianderblättern bestreuen.

5 Die Wraps so aufrollen, dass nach unten spitz zulaufende Rollen entstehen – ähnlich wie Eistüten-Hörnchen. Die Spitzen unten mit Holzspießchen zustecken oder die unteren Drittel in Frischhaltefolie einschlagen. Die Wraps zum Servieren in Gläser stellen.

ETWAS TEURER: Statt mit Schinken die Wraps mit geräuchertem Lachs oder mit Garnelen füllen.

NUDELN, REIS & GETREIDE

Voller Genuss bei leerer Kasse

DIE BILLIGEN 4 SATTMACHER

NUDELN

in jedem Supermarkt gut, günstig und in großer Auswahl – auch in Bio-Version / machen Sparköche mit niedrigem Fett- und hohem Kohlenhydratanteil satt und glücklich / Italiener genießen zu **Pesto** (z. B. mit Petersilie und Nüssen, Seite 54) lange Spaghetti oder Linguine, zu üppigen **Fleischragouts** (z. B. Rindfleisch-Ragout, Seite 94) breite Bandnudeln wie Pappardelle, zu **sämigen und cremigen Saucen** (z. B. mit Fenchel und Käse (Seite 55) kurze Makkaroni, Penne oder Rigatoni / als **aglio olio** mit Knoblauch, gehackter Chilischote und 1 gutem Schuss Olivenöl die Rettung am Monatsende / billig & büfetttauglich: **Nudelsalat** mit geräucherter Forelle (Seite 24).

REIS

in jedem Supermarkt gut und günstig – auch in Bio-Version / Langkornreis ist nach dem Garen locker und körnig, hat trotzdem noch Biss – **ideal für Reispfannen** oder als **Beilage**, z. B. zu Gemüse in Kokosmilch (Seite 74) / auch **gut zu Nudelsaucen** (Seite 54/55) / der feinste heißt Basmati / Rundkornreis ist ideal für Risotto, z. B. Spitzkohl-Risotto (Seite 56) / die besten Sorten für Risotto sind Arborio oder Vialone / Reis aus geöffneten Tüten oder Packungen am besten in dicht schließende Gläser umfüllen, dann wird er nicht muffig, Sorte und Mindesthaltbarkeit draufschreiben / billig & alltagstauglich: für **Reis als Beilage für 4** 250 g Langkornreis mit der zwei- bis dreifachen Menge Wasser aufkochen und bei schwacher Hitze zugedeckt garen. Weißer Reis braucht ca. 20 Min., ungeschälter Naturreis bis zu 45 Min.

POLENTA

Der italienische Maisgrieß ist in vielen
Supermärkten und allen Bioläden, im
Reformhaus und beim italienischen Feinkosthändler günstig zu bekommen / Zeitsparer
wählen **Instant-Polenta**, die in wenigen Minuten
zubereitet ist / gut verpackt lange haltbar /
Polentaplätzchen (Seite 60) passen nicht nur
zu Auberginenragout (Seite 60) sondern zu **allen
Gerichten mit Sauce** (z. B. Rindfleisch-Ragout,
Seite 94) / billig & alltagstauglich: für **Polenta-
brei als Beilage für 4** gut 1 l Wasser mit Salz
und geriebener Muskatnuss aufkochen, 250 g
Maisgrieß einrieseln lassen und nach und nach
unterrühren, bis der Brei beginnt, dick zu werden.
Polenta ca. 30 Min. bei ganz schwacher Hitze
quellen lassen, dabei immer wieder rühren.

BULGUR

Die orientalische Hartweizenspezialität ist in
vielen Supermärkten und Asienläden, allen
Bioläden, im Reformhaus und beim türkischen
Feinkosthändler günstig zu bekommen / kostet selbst in Bioversion kaum 2 € / schmeckt
kalt als Salat (z. B. mit Radieschen, Seite 22)
und **in warmen Gerichten** (z. B. mit Spinat und
Pute, Seite 62) / gut verpackt lange haltbar /
als Beilage eine **originelle Alternative zu Reis** /
billig & alltagstauglich: für **Bulgur als Beilage
für 4 Personen** 200 g Bulgur in ca. 300 ml
kochend heißes Wasser einrühren und gut
10 Min. bei ganz schwacher Hitze quellen lassen.

SCHARFE ZUCCHINI-NUDELN

Mit würzigem Speck-Mix für ein unschlagbares Pasta-Vergnügen

FÜR 4 PERSONEN

- -

400 g Spaghetti
Salz
2 Zucchini (ca. 400 g)
8 Kirschtomaten
2 rote Zwiebeln
2 Knoblauchzehen
1 mittelscharfe rote Chilischote
150 g geräucherter Speck
½ Bund Petersilie
4 EL Olivenöl
Pfeffer

- -

PRO PERSON: 730 KAL.
ZUBEREITUNGSZEIT: 40 MIN.

1 Die Nudeln nach Packungsangabe in reichlich kochendem Salzwasser bissfest garen.

2 Inzwischen die Zucchini putzen, waschen und in 1 cm große Würfel schneiden. Die Tomaten waschen und halbieren oder vierteln, den Stielansatz entfernen. Die Zwiebeln schälen, halbieren und in feine Streifen schneiden. Den Knoblauch schälen und fein hacken. Die Chilischote halbieren, Trennwände und Kerne entfernen, die Hälften waschen und winzig klein würfeln. Den Speck ebenfalls in kleine Würfel schneiden. Die Petersilie waschen und trocken schütteln, die Blätter abzupfen und klein schneiden.

3 Das Öl in einer großen Pfanne erhitzen. Speck, Zwiebeln und Knoblauch dazugeben und bei mittlerer Hitze ca. 5 Min. braten, bis der Speck knusprig ist. Chilischote und Zucchini zum Speck geben und 2 Min. unter Wenden mitbraten. Die Tomaten hinzufügen. ⅛ l Nudelkochwasser da-zugießen und alles 2–3 Min. bei schwacher Hitze kochen lassen. Mit Salz und Pfeffer abschmecken.

4 Die Nudeln abgießen, kurz abtropfen lassen und unter die Sauce mischen.

ETWAS TEURER: Mit frisch geriebenem Parmesan obendrauf wird die Pasta zum perfekten Genuss alla mamma.

MAKKARONI – PILZ – GRÖSTL

Für den großen Hunger bei kleinem Budget

FÜR 4 PERSONEN

----

500 g kurze Makkaroni oder dünne Penne
Salz
1 Zwiebel
1 Knoblauchzehe
1 kleines Bund Petersilie
100 g geräucherte Schinkenwürfel
250 g Egerlinge (ersatzweise Champignons)
2 EL Olivenöl zum Braten
2 Eier (Größe L)
3 EL Milch oder Sahne
Pfeffer
frisch geriebene Muskatnuss
3 EL geriebener Käse, z. B. Bergkäse
oder Emmentaler
½ TL Kümmelsamen (nach Belieben)

PRO PERSON: 610 KAL.
ZUBEREITUNGSZEIT: 25 MIN.

1 Die Makkaroni in kochendem Salzwasser nach Packungsanweisung bissfest kochen, in ein Sieb abgießen, unter kaltem Wasser abkühlen und abtropfen lassen.

2 Während die Nudeln garen, die Zwiebel und den Knoblauch schälen und fein hacken. Die Petersilie waschen und trocken schütteln, die Blätter abzupfen und fein schneiden. Zwiebel, Knoblauch, Petersilie und Schinkenwürfel mischen. Die Egerlinge putzen und trocken abreiben. Die Stiele kürzen und die Hüte in sehr dünne Scheiben schneiden.

3 Das Öl in einer großen Pfanne stark erhitzen. Die Egerlinge darin 3–4 Min. anbraten. Die Schinkenmischung dazugeben und ca. 3 Min. mitbraten. Die abgetropften Makkaroni untermischen und mitbraten. Alles kräftig pfeffern und vorsichtig salzen.

4 Die Eier mit der Milch oder Sahne verquirlen, mit Salz, Pfeffer, 1 Prise Muskat und dem geriebenen Käse mischen. Eiermischung über die Makkaroni gießen, untermischen und ganz leicht stocken lassen. Das Makkaroni-Pilz-Gröstl nach Belieben mit Kümmel bestreuen und sofort in der Pfanne servieren.

4 x BILLIGE NUDELSAUCE

MIT PETERSILIE UND NÜSSEN

Für 4 Personen

50 g fein geriebene **Haselnüsse** in einer Pfanne ohne Fett bei mittlerer Hitze ca. 5 Min. rösten. Vom Herd nehmen und abkühlen lassen. 2 kleine Bund **Petersilie** waschen, trocken schütteln, Blätter abzupfen und klein schneiden. 1 **Knoblauchzehe** schälen und grob würfeln. Petersilie, Nüsse und Knoblauch in einem Blitzhacker fein zerkleinern. Mit 40 g geriebenem **Bergkäse** und 8 EL **Olivenöl** zu einer geschmeidigen Paste pürieren. Mit **Salz** und **Pfeffer** abschmecken.

TIPP: Vor dem Servieren das Petersilienpesto mit 6–8 EL Nudelkochwasser schön cremig rühren.

MIT TOMATEN UND CURRY

Für 4 Personen

1 **Zwiebel** und 2 **Knoblauchzehen** schälen, 2 zarte Stangen **Staudensellerie** putzen und waschen, alles fein würfeln. 2 EL **Rapsöl** in einem breiten Topf erhitzen. Zwiebel, Knoblauch und Sellerie darin unter Rühren bei mittlerer Hitze 2–3 Min. andünsten. 1 ½ EL **Currypulver** darüberstreuen, kurz weiterdünsten. 500 g stückige **Tomaten** (Tetrapak), 100 ml **Gemüsebrühe** und 1 EL **Honig** dazugeben und das Ganze bei mittlerer Hitze ca. 10 Min. kochen lassen, dabei ab und zu umrühren. Mit **Salz** und **Pfeffer** abschmecken. ½ Bund **Koriandergrün** (ersatzweise Petersilie) abbrausen, trocken schütteln, Blätter abzupfen und zur Sauce geben.

Ein Low-Budget-Gericht für jeden Tag: super-lecker, fix fertig und auch für Reis & Gnocchi ideal!

MIT SPECK UND ZWIEBELN

Für 4 Personen

100 g durchwachsenen **Räucherspeck** fein würfeln. 2 **Gemüsezwiebeln** schälen, halbieren und in dünne Scheiben schneiden. 2 EL **Olivenöl** und 1 EL **Butter** in einer Pfanne zerlassen, Speckwürfel darin anbraten. Zwiebelringe zugeben und 2–3 Min. mitbraten, dann zugedeckt bei mittlerer Hitze 20 Min. dünsten, mehrmals umrühren. 10 **Salbeiblätter** abreiben und in feine Streifen schneiden, zu den Zwiebeln geben. ¼ l Nudelkochwasser dazugießen, dann bei schwacher Hitze noch 5–6 Min. kochen lassen. 2 EL frisch geriebenen **Parmesan** untermischen. Mit Salz und Pfeffer kräftig abschmecken.

TIPP: 1 Handvoll Salbeiblätter in Olivenöl knusprig braten und untermischen.

MIT FENCHEL UND KÄSE

Für 4 Personen

1 **Zwiebel** schälen und fein würfeln. 600 g **Fenchel** waschen, vierteln, dabei den Strunk entfernen, dann in feine Streifen schneiden. Das Fenchelgrün grob hacken. 2 EL **Butter** in einer Pfanne erhitzen und die Zwiebeln darin ca. 2 Min. dünsten. Fenchel dazugeben und bei mittlerer Hitze ca. 5 Min. mitdünsten. 200 g Doppelrahm-**Frischkäse**, 100 g **Edelpilzkäse** (z.B. Bavaria blue) und ¼ l **Milch** zum Fenchel geben, gleichmäßig verrühren, aufkochen und bei schwacher Hitze ca. 5 Min. kochen lassen. Die Sauce mit **Salz**, **Pfeffer** und 2 Prisen **Cayennepfeffer** abschmecken. Das Fenchelgrün aufstreuen.

SPITZKOHL – RISOTTO

Der Italien-Klassiker mit richtig Biss

FÜR 4 PERSONEN

1 Zwiebel
2 EL Olivenöl
300 g Risottoreis
1,2 l heiße Gemüsebrühe
750 g Spitzkohl
1 Knoblauchzehe
2 EL Butter
Salz
Pfeffer
1 Kästchen Kresse
100 g geriebener Emmentaler

PRO PERSON: 430 KAL.
ZUBEREITUNGSZEIT: 40 MIN.

1 Die Zwiebel schälen und fein hacken. Das Öl in einem breiten Topf erhitzen, die Zwiebel darin glasig dünsten. Dann den Reis dazugeben und 2–3 Min. andünsten.

2 Den Reis mit der Hälfte der Brühe bedecken und bei mittlerer Hitze unter häufigem Rühren 20–25 Min. leicht bissfest garen, dabei nach und nach die restliche heiße Brühe dazugießen und immer wieder umrühren.

3 Inzwischen den Spitzkohl putzen, längs vierteln und den Strunk keilförmig herausschneiden. Die Viertel in feine Streifen schneiden.

4 Den Knoblauch schälen und fein hacken. Die Butter in einer großen Pfanne zerlassen, Spitzkohl und Knoblauch darin 3–4 Min. unter Wenden dünsten. Mit Salz und Pfeffer würzen. Alles unter den gekochten Reis heben und nochmals abschmecken. Die Kresse abschneiden. Den Risotto mit der Kresse und dem geriebenen Käse bestreut servieren.

ETWAS TEURER: Besonders fein schmeckt der Risotto, wenn Sie aufgetautes TK-Lachsfilet ohne Haut in große Würfel schneiden, kurz braten und zum Schluss unterheben.

BRATREIS MIT ERBSEN UND OMELETT

Raffiniert und mit wenig Aufwand an Zeit und Geld gezaubert

1 Den Reis in kochendem Salzwasser nach Packungsangabe garen, abgießen und abtropfen lassen. Reis auflockern und auskühlen lassen.

2 Den Schinken in feine Streifen schneiden. Die Frühlingszwiebeln putzen und waschen, weiße und hellgrüne Teile getrennt in feine Ringe schneiden. Den Knoblauch schälen und fein würfeln. Die Erbsen antauen lassen.

3 Die Eier mit 4 EL Wasser, Salz und Pfeffer verrühren. In einer kleinen Pfanne 1 EL Öl erhitzen, nacheinander bei mittlerer Hitze zwei Omeletts backen. Herausnehmen, etwas abkühlen lassen und aufrollen.

4 In einem Wok 2 EL Öl erhitzen. Die weißen Zwiebelringe und den Knoblauch ca. 1 Min. anbraten. Die grünen Zwiebelringe, die Erbsen und den Schinken dazugeben und 3–4 Min. mitbraten. Mit der Sojasauce mischen, herausheben und warm stellen.

5 Das restliche Öl im Wok erhitzen und den Reis darin unter Wenden 10 Min. braten. Die Zwiebel-Erbsen-Schinken-Mischung dazugeben, salzen und pfeffern. Die aufgerollten Omeletts in Scheiben schneiden und daraufgeben.

ETWAS TEURER: Wer möchte, kann noch Garnelen (aus dem Kühlregal) mit der Zwiebel-Erbsen-Mischung unter den Bratreis heben und erwärmen. Das verleiht dem Gericht einen indonesischen Touch.

FÜR 4 PERSONEN

- 300 g Langkornreis
- Salz
- 1 dicke Scheibe gekochter Schinken (ca. 200 g)
- 1 Bund Frühlingszwiebeln
- 1 Knoblauchzehe
- 300 g TK-Erbsen
- 4 Eier
- Pfeffer
- 6 EL Rapsöl
- 3–4 EL Sojasauce

PRO PERSON: 630 KAL.
ZUBEREITUNGSZEIT: 45 MIN.

POLENTAPLÄTZCHEN MIT AUBERGINENRAGOUT

Billig-Sattmacher im Sommer: gesund und herrlich aromatisch

1 Für die Polenta Milch und Brühe in einem hohen Topf aufkochen. Polentagrieß einrühren, einmal kurz zum Kochen bringen, dann bei sehr schwacher Hitze ca. 15 Min. quellen lassen.

2 Getrocknete Tomaten abtropfen lassen und das Öl auffangen. Tomaten hacken und unter die Polenta rühren. Eine große viereckige Form mit etwas abgetropftem Öl bestreichen. Die Polenta leicht salzen, pfeffern, 2–3 cm hoch in die Form streichen und abkühlen lassen.

3 Inzwischen für das Ragout die Auberginen putzen, waschen, klein würfeln, in ein Sieb geben, salzen und ziehen lassen. Tomaten kreuzweise einschneiden, mit kochendem Wasser überbrühen, häuten, halbieren, Stielansätze und Kerne entfernen und das Fruchtfleisch würfeln. Zwiebel und Knoblauch schälen und würfeln. Basilikum waschen und trocken schütteln, die Blättchen abzupfen und in Streifen schneiden.

4 Die Auberginenwürfel abwaschen und gut trocken tupfen. Mit den Zwiebel- und Knoblauchwürfeln im Olivenöl unter Rühren 3–5 Min. anbraten. Die Tomatenwürfel unterrühren. Alles mit Salz und Pfeffer würzen und noch 10–15 Min. zugedeckt bei schwacher Hitze sanft köcheln lassen.

5 Inzwischen den Backofengrill auf höchster Stufe vorheizen. Die kalte Polenta stürzen, nach Belieben Formen ausstechen oder in Quadrate oder Dreiecke schneiden und auf ein gefettetes Backblech geben. Plätzchen unter den vorgeheizten Grillschlangen (mit ca. 15 cm Abstand) in 6–9 Min. goldgelb backen. Die Kapern unter das Auberginenragout mischen. Ragout abschmecken, mit Basilikum bestreuen und mit den Polentaplätzchen servieren.

FÜR 4 PERSONEN

Für die Polentaplätzchen:
¼ l Milch
½ l Gemüsebrühe
200 g Polenta (Maisgrieß)
4 getrocknete Tomaten (in Öl)
Salz
Pfeffer
Öl für das Blech

Für das Auberginenragout:
1 große oder 2 kleine Auberginen
(ca. 400 g)
Salz
500 g vollreife Tomaten
1 Gemüsezwiebel
1 Knoblauchzehe
1 kleines Bund Basilikum
3 EL Olivenöl
Pfeffer
1 EL Kapern

PRO PERSON: 375 KAL.
ZUBEREITUNGSZEIT: 1 STD.

BULGUR–SPINAT MIT PUTENSTREIFEN

Körnig und wertvoll – mit Zeitsparer-Gemüse aus dem Vorrat

FÜR 4 PERSONEN

1 Zwiebel
2 Knoblauchzehen
4 EL Olivenöl
250 g Bulgur
125 ml Tomatensaft
Salz
450 g TK-Blattspinat
300 g Putenschnitzel
2 TL Chilipulver (Gewürzmischung)
1 Dose Maiskörner (140 g Abtropfgewicht)

PRO PERSON: 425 KAL.
ZUBEREITUNGSZEIT: 35 MIN.

1 Die Zwiebel und den Knoblauch schälen und fein würfeln. 2 EL Olivenöl in einem Topf erhitzen, Zwiebel und Knoblauch darin bei mittlerer Hitze ca. 2 Min. glasig dünsten. Den Bulgur unterrühren, den Tomatensaft und ⅛ l Salzwasser dazugeben, umrühren und den Bulgur bei schwacher Hitze zugedeckt ca. 20 Min. ausquellen lassen.

2 Inzwischen den Spinat in einem Topf nach Packungsanweisung mit 100 ml Wasser bei mittlerer Hitze in ca. 15 Min. auftauen lassen, zwischendurch umrühren.

3 Das Fleisch waschen, trocken tupfen und in feine Streifen schneiden. Mit dem Chilipulver gut vermischen. Den Mais in ein Sieb abgießen, abbrausen und gut abtropfen lassen.

4 Das restliche Öl in einer Pfanne erhitzen, das Fleisch darin unter Wenden in 2–3 Min. rundherum braun anbraten. Herausnehmen und salzen. Den Spinat abtropfen lassen und mit den Chili-Putenstreifen und den Maiskörnern unter den Bulgur heben. Mit Salz und Chilipulver pikant abschmecken.

PASST GUT DAZU: 150 g saure Sahne mit Salz und Pfeffer abschmecken. ½ Bund Koriandergrün (ersatzweise Petersilie) abbrausen, trocken schütteln, klein schneiden und unter die Sahne rühren. Zum Bulgur servieren.

GEFÜLLTE COUSCOUS-PAPRIKA

Echtes Wundertüten-Gemüse – dabei höchst unkompliziert

FÜR 4 PERSONEN

300 ml Gemüsebrühe
125 g Couscous
je 2 rote und gelbe Paprikaschoten
(à ca. 200 g)
100 g kleine Egerlinge
(ersatzweise Champignons)
5 EL Olivenöl
Salz
Pfeffer
1 mittelscharfe rote Chilischote
150 g Feta (Schafskäse)
1 Bund Petersilie
2 EL Zitronensaft

PRO PERSON: 345 KAL.
ZUBEREITUNGSZEIT: 40 MIN.
+ 40 MIN. BACKEN

1 150 ml Brühe in einem Topf zum Kochen bringen. Den Couscous einrühren, vom Herd nehmen und zugedeckt ca. 10 Min. ausquellen lassen.

2 Inzwischen von den Paprikaschoten einen Deckel (mit dem Stielansatz) abschneiden, Kerne und Trennwände herausschneiden und die Paprika waschen.

3 Die Egerlinge putzen, trocken abreiben und in feine Scheiben schneiden. In 2 EL Öl in einer Pfanne unter Wenden 3–4 Min. anbraten. Salzen, pfeffern und vom Herd nehmen.

4 Die Chilischote halbieren, Trennwände und Kerne entfernen, die Hälften waschen und fein hacken. Den Feta klein würfeln. Die Petersilie waschen, trocken schütteln, die Blätter abzupfen und fein schneiden.

5 Den Backofen auf 180° vorheizen. Den Couscous mit einer Gabel auflockern und in eine Schüssel geben. Pilze, Chilischote, Feta und Petersilie hinzufügen. Mit Salz, Pfeffer, Zitronensaft und dem restlichen Öl mischen. Die Paprikaschoten damit füllen und die roten Deckel auf die gelben Paprika und die gelben Deckel auf die roten Paprika setzen. In eine ofenfeste Form geben und die restliche Brühe dazugießen. Im Ofen (Mitte, Umluft 160°) 35–40 Min. garen.

PASST GUT DAZU: Joghurtsauce (Seite 42).

GEMÜSE
SATT

Natürlich günstig!

DIE BILLIGEN 4 AUS DEM GEMÜSEGARTEN

KOHL

--→

Gut und günstig fast rund ums Jahr / besonders empfehlenswert im Herbst und Winter, wenn kaum anderes Gemüse bei uns Saison hat / wird als »Arme-Leute-Essen« häufig unterschätzt: feines **Spitzkohl-Risotto** (Seite 56), sanft **geschmorte Kohlspalten** aus dem Ofen (Seite 76) und trendiger **Ananas-Coleslaw** (Seite 20) überzeugen auch Skeptiker / billig & gästefein: für **Winzerkraut** 1 kleinen Weißkohl putzen, waschen, Blätter in Streifen schneiden, in Butter andünsten und mit je ½ Glas Gemüsebrühe und Weißwein in 20–25 Min. zugedeckt bissfest garen. Kraut mit 1 EL Butter verfeinern und mit 1 Spritzer Zitronensaft, Salz, Pfeffer, gemahlenem Kümmel und Koriander abschmecken.

TOMATEN

←--

Am billigsten und besten von Juni bis Mitte Oktober, wenn Tomaten bei uns vom Freiland stammen / sonnengereifte leuchten kräftig rot mit gelben Fleckchen, wo Blätter das Licht gefiltert haben / mischen in der Suppe (Seite 73) und im Sommereintopf (Seite 78) mit / dürfen im **Sommersalat** (z. B. mit Romana und Rucola, Seite 16) nicht fehlen / zum Häuten eignen sich **überreife Tomaten**, die's oft **zum Dumpingpreis** gibt / im Winter Dosentomaten verwenden – in jedem Supermarkt gut und günstig / billig & alltagstauglich: für **Bruschetta** 4 reife Tomaten häuten, würfeln, mit 1 Knoblauchzehe, 1 Handvoll Basilikumblätter und 2 EL Olivenöl mischen, mit Salz und Pfeffer kräftig würzen und auf geröstetem Baguette servieren.

KARTOFFELN

Rund ums Jahr gut und günstig – auch in Bio-Version / erntefrisch aus heimischem Anbau von Juli bis Oktober / festkochende Sorten enthalten wenig Stärke – gut für **Bratkartoffeln, Runzelkartoffeln** (Seite 82), **Salat** (Seite 26) / vorwiegend festkochende für **Salz- und Pellkartoffeln** verwenden / mit mehligkochenden Kartoffeln gelingen **Ofenkartoffeln** (Seite 83) und **Püree** (z. B. Püree provençal, Seite 83) perfekt / billig & alltagstauglich: für **Kartoffelpesto** 1 gekochte und geschälte Pellkartoffel (darf vom Vortag sein) mit je 1 Handvoll Basilikum- und Rucolablättern, 1 Knoblauchzehe, 2 EL geriebenem Parmesan und 3–5 EL Olivenöl pürieren, mit Salz und Pfeffer abschmecken.

ZWIEBEL

Rund ums Jahr gut und günstig – auch in Bio-Version / im Herbst und Winter großes Angebot aus heimischem Anbau / fürs scharfe Aroma sind ätherische Öle verantwortlich / je stärker uns Zwiebeln zum Weinen bringen, desto frischer sind sie / für **Deftiges** wie **Nudelsauce** mit Speck (Seite 55), Szegediner **Gulasch** (Seite 100) oder **Rindfleisch-Ragout** (Seite 94) braune Zwiebeln wählen / **weiße und rote schmecken am besten im Sommer**, z. B. zu Zucchini-Nudeln (Seite 50) / braune Zwiebeln halten sich kühl, trocken und luftig gelagert monatelang, rote und weiße Zwiebeln 1–2 Wochen im Gemüsefach des Kühlschranks / billig & partytauglich: **Zwiebelsuppe** (Seite 70) für nur 1 € pro Person.

ZWIEBELSUPPE

Spar-Süppchen aus den Pariser Bistros

FÜR 4 PERSONEN

500 g Zwiebeln
3 EL Butter
1 EL Mehl
½ TL Kümmelsamen
1 ¼ l Rindfleischbrühe
125 g Emmentaler (am Stück)
¼ l Milch
1 Schuss Cognac (nach Belieben)
Salz
Pfeffer
8 Scheiben Baguette
(darf vom Vortag sein)
1 Knoblauchzehe

PRO PERSON: 395 KAL.
ZUBEREITUNGSZEIT: 1 STD.
+ 12 MIN. GRATINIEREN

1 Die Zwiebeln schälen und in Ringe hobeln. Die Butter in einem großen Suppentopf erhitzen. Die Zwiebelringe darin anbraten, mit dem Mehl bestäuben und in ca. 5 Min. goldgelb braten, aber nicht bräunen. Kümmel darüberstreuen. Die Brühe dazugießen, aufkochen und bei mittlerer bis starker Hitze ca. 15 Min. offen köcheln lassen.

2 Inzwischen den Käse reiben. Nach ca. 15 Min. die Milch zur Suppe gießen. Die Suppe bei schwacher Hitze 10–15 Min. offen weiterköcheln lassen, dann nach Belieben den Cognac dazugießen. Die Suppe nochmals aufkochen und kräftig mit Salz und Pfeffer abschmecken.

3 Inzwischen den Backofen auf 225° (Umluft 200°) vorheizen. Die Baguettescheiben im heißen Ofen (oben) in knapp 1–2 Min. goldbraun rösten, dann wenden und ganz kurz auf der anderen Seite rösten. Die Suppe auf ofenfeste Suppenschalen oder -teller verteilen. Die Knoblauchzehe halbieren, das geröstete Brot damit einreiben und auf die Teller verteilen. Den Käse darüberstreuen. Die Suppe mit den Brotscheiben im heißen Ofen (oben) 10–12 Min. gratinieren.

4 x BILLIGES SÜPPCHEN

GRAUPEN-GEMÜSE-SUPPE

Für 4 Personen

2 Bund **Suppengrün** putzen, waschen und in
kleine Würfel schneiden. 1 **Zwiebel** schälen und
fein hacken. 2 EL **Olivenöl** in einem Topf erhitzen, 100 g **Graupen**, die Zwiebel und zwei Drittel
der Gemüsewürfel zugeben und bei mittlerer
Hitze ca. 2 Min. andünsten. 1 l **Gemüsebrühe**
dazugießen und bei mittlerer Hitze ca. 35 Min.
kochen lassen. Mit **Salz** und **Pfeffer** würzen.
Übrige Gemüsewürfel mit 2 TL **Butter** in einer
beschichteten Pfanne unter Wenden 2–3 Min.
andünsten. 1 Bund **Schnittlauch** waschen,
trocken schütteln und in Röllchen schneiden.
Mit den Gemüsewürfeln auf die Suppe streuen.

KALTE LAUCHCREME

Für 4 Personen

2 zarte **Lauchstangen** putzen, gründlich
waschen und in feine Ringe schneiden. 250 g
mehligkochende **Kartoffeln** schälen, waschen
und in kleine Würfel schneiden. 2 EL **Olivenöl** in
einem Topf erhitzen, Lauch, Kartoffeln und 1 EL
frische **Thymianblättchen** hineingeben. 1 **Knoblauchzehe** schälen und dazupressen. Alles
bei schwacher Hitze 2–3 Min. dünsten. 1,2 l
Gemüse- oder Hühnerbrühe dazugießen, aufkochen und bei schwacher Hitze ca. 20 Min.
kochen lassen. Die Suppe sehr fein pürieren.
200 g **Schmand** einrühren, mit **Salz**, **Pfeffer** und
1–2 EL frisch gepresstem **Zitronensaft** abschmecken. Die Suppe zugedeckt ca. 2 Std. in den Kühlschrank stellen. Mit Thymian bestreut servieren.

TIPP: Die Suppe schmeckt auch heiß super.

Schon ein paar Zutaten für wenig Kohle genügen, um Suppen-Fans zu beglücken.

TOMATEN-PAPRIKA-SUPPE

Für 4 Personen

750 g reife **Strauchtomaten** waschen, vom Stielansatz befreien und in Würfel schneiden. 1 rote **Paprikaschote** halbieren, Trennwände und Kerne entfernen, die Hälften waschen und würfeln. 1 rote **Zwiebel** schälen und fein hacken. 2 EL **Olivenöl** in einem Topf erhitzen. Zwiebel und Paprika ca. 5 Min. darin anbraten. 2 EL **Tomatenmark** dazugeben, 400 ml **Gemüsebrühe** dazugießen und aufkochen lassen. Tomatenwürfel dazugeben und bei mittlerer Hitze ca. 10 Min. garen. Inzwischen 125 g **Sahne** steif schlagen, 4 EL frisch geriebenen **Parmesan** unterheben. Die Suppe mit dem Pürierstab sehr fein pürieren. Mit **Salz**, **Pfeffer** und 1 Prise **Zucker** würzen. Die Suppe in tiefen Tellern anrichten, die Käse-Sahne obendrauf geben und mit je 3–4 frischen Basilikumblättern garnieren.

GRÜNE BOHNENSUPPE

Für 4 Personen

500 g grüne **Bohnen** waschen, putzen und schräg in 3–4 cm große Stücke schneiden. 300 g festkochende **Kartoffeln** schälen, waschen und 1 cm groß würfeln. 1 Zwiebel schälen und fein hacken. 3 EL **Olivenöl** in einem Topf erhitzen, Zwiebelwürfel, Kartoffeln und Bohnen darin bei mittlerer Hitze ca. 3 Min. andünsten. 1 l **Gemüsebrühe** dazugießen, 3 Stiele **Bohnenkraut** dazugeben, Brühe aufkochen lassen und alles bei schwacher Hitze ca. 20 Min. garen. Inzwischen 200 g **Schweinemett** mit feuchten Händen zu 8–12 Bällchen formen. 1 EL **Öl** in einer Pfanne erhitzen, die Bällchen darin je nach Größe in 4–6 Min. rundherum braun anbraten. Die Suppe mit **Salz** und **Pfeffer** abschmecken, Hackbällchen hineingeben und kurz durchziehen lassen. Mit ½ Bund frisch gehackter **Petersilie** bestreuen.

GEMÜSE IN KOKOSMILCH

Ein Schuss Exotik für wenig Geld

FÜR 4 PERSONEN

----

1 rote Chilischote
1 Knoblauchzehe
1 Stück Ingwer (3–4 cm)
1 kleiner Spitzkohl oder ½ Weißkohl
2 Möhren
1 rote Paprikaschote
2 EL Öl
100 g frische Sprossen
2–3 EL Sojasauce
1 Dose Kokosmilch (400 ml)
3 EL Cashewkerne (nach Belieben)
1 Spritzer Zitronensaft
Salz

PRO PORTION: 365 KAL.
ZUBEREITUNGSZEIT: 25 MIN.

1 Die Chilischote halbieren, entkernen, waschen und fein würfeln. Knoblauch und Ingwer schälen und fein hacken. Den Kohl putzen, waschen und in Streifen schneiden. Die Möhren putzen, schälen und in feine Scheiben hobeln. Die Paprika halbieren, Trennwände und Kerne entfernen, die Hälften waschen und klein schneiden.

2 Das Öl in einer Pfanne oder einem Wok erhitzen. Knoblauch, Chili und Ingwer darin anbraten. Die Kohlstreifen unterrühren und ca. ½ Min. mitbraten, die Möhren und dann die Paprikastückchen dazugeben und jeweils unter Rühren knapp 1 Min. mitbraten. Zum Schluss die Sprossen unterrühren. Alles mit Sojasauce würzen.

3 Die Kokosmilchdose vor dem Öffnen gut schütteln. Kokosmilch angießen, aufkochen und etwas einköcheln lassen. Die Cashewkerne nach Belieben in einer Pfanne ohne Fett rösten und hacken. Das Gemüse mit Zitronensaft, Salz und Sojasauce abschmecken und mit den Cashewkernen bestreut servieren.

ETWAS TEURER: 1 Hähnchenbrustfilet in Streifen schneiden und vor dem Kohl im Wok 3–5 Min. braten, dann herausnehmen und zum Schluss wieder untermischen.

GESCHMORTE KOHLSPALTEN

Schongang für die Haushaltskasse

1 Vom Kohl die äußeren Blätter entfernen, dann den Kohl halbieren und jede Hälfte in drei Spalten schneiden, dabei den Strunkteil weitgehend entfernen. Den Knoblauch schälen und in dünne Scheiben schneiden.

2 Das Butterschmalz in einem breiten Topf oder einer großen Pfanne erhitzen. Die Kohlspalten darin auf beiden Schnittflächen bei mittlerer Hitze in 5 Min. goldbraun anbraten. Knoblauch dazugeben und kurz mitbraten. Mit Salz und Pfeffer würzen.

3 Die Brühe und den Oregano dazugeben und die Brühe aufkochen lassen. Die Kohlspalten zugedeckt bei mittlerer Hitze ca. 10 Min. schmoren. Nach ca. 5 Min. wenden.

4 Inzwischen den Frühstücksspeck in einer heißen Pfanne ohne Fett kross braten. Herausheben und auf Küchenpapier abtropfen lassen.

5 Die Tomaten zum Kohl geben, alles noch ca. 5 Min. schmoren. Die Petersilie waschen und trocken schütteln, die Blätter abzupfen und grob hacken. Auf den Kohl streuen. Mit dem Frühstücksspeck garnieren.

PASST GUT DAZU: Salzkartoffeln, Reis oder Schupfnudeln.

FÜR 4 PERSONEN

- 1 junger Weißkohl (ca. 1,2 kg)
- 2 Knoblauchzehen
- 2–3 EL Butterschmalz
- Salz
- Pfeffer
- ¼ l Gemüsebrühe
- 2 TL getrockneter Oregano
- 125 g Frühstücksspeck
- 400 g stückige Tomaten (aus der Dose)
- ½ Bund Petersilie

PRO PERSON: 365 KAL.
ZUBEREITUNGSZEIT: 45 MIN.

SOMMEREINTOPF MIT SCHAFSKÄSE-GREMOLATA

Sommerfrische für schlappe 2 € pro Person

1 Für den Eintopf die Kartoffeln schälen, waschen und in kleine Würfel schneiden. Knoblauch und Zwiebel schälen und fein würfeln.

2 Die Paprika halbieren, Trennwände und Kerne entfernen, die Hälften waschen und in 1–2 cm große Stücke schneiden. Die Zucchini waschen, putzen und ebenfalls in Stücke schneiden. Die Tomaten kreuzweise einritzen, mit kochendem Wasser überbrühen, häuten, nach Belieben entkernen und ohne Stielansatz grob würfeln.

3 Das Öl in einem großen Schmortopf erhitzen. Kartoffel-, Zwiebel- und Knoblauchwürfel darin unter Rühren bei mittlerer Hitze 2–3 Min. glasig anbraten. Paprika und Zucchini kurz mitbraten. Alles mit Salz, Pfeffer und je 1–2 Prisen Kreuzkümmel und Paprikapulver kräftig würzen. Die Brühe angießen und die Tomaten daraufstreuen. Alles zugedeckt bei mittlerer Hitze 12–15 Minuten schmoren, bis die Kartoffeln weich sind.

4 Inzwischen für die Gremolata den Schafskäse in einer Schüssel fein zerkrümeln. Die Petersilie waschen und trocken schütteln. Die Blätter fein schneiden. Die Zitrone heiß waschen und abtrocknen. Die Schale abreiben und mit der Petersilie unter den Schafskäse mischen.

5 Den Sommereintopf erst am Ende der Garzeit umrühren, mit Salz, Pfeffer, Kreuzkümmel und Paprika abschmecken und heiß mit der Gremolata servieren.

NOCH BILLIGER: Für dieses Gericht können Sie gut überreife Tomaten verwenden.

FÜR 4 PERSONEN

Für den Sommereintopf:
4 Kartoffeln
2 Knoblauchzehen
1 große Zwiebel
je 1 gelbe und rote Paprikaschote
2 dünne Zucchini
500 g vollreife Tomaten
2 EL Olivenöl
Salz
Pfeffer
gemahlener Kreuzkümmel und rosenscharfes Paprikapulver
400 ml Gemüsebrühe

Für die Gremolata:
200 g Feta (Schafskäse)
1 kleines Bund Petersilie
Schale von ½ Bio-Zitrone

PRO PERSON: 275 KAL.
ZUBEREITUNGSZEIT: 35 MIN.

KERBEL-PFANNKUCHEN MIT GEMÜSE

Ein starkes Doppel mit Frühlings-Touch

1 Die Eier mit Milch, Mehl und ½ TL Salz verrühren. Den Kerbel abbrausen, trocken schütteln, verlesen und die groben Stiele abknipsen. Einige Blätter zum Garnieren beiseitelegen, die übrigen klein schneiden und unterheben. Den Teig zugedeckt ca. 15 Min. ruhen lassen.

2 Inzwischen die Kohlrabi und die Möhren putzen und schälen. Die Möhren schräg in dünne Scheiben schneiden. Die Kohlrabi zuerst vierteln, dann in dünne Scheiben schneiden. Die Zwiebel schälen und hacken.

3 In einem breiten Topf 4 EL Öl erhitzen und die Zwiebel darin bei mittlerer Hitze glasig braten. Kohlrabi und Möhren dazugeben und 7–8 Min. dünsten. Das Gemüse salzen und pfeffern, herausnehmen und warm halten.

4 Gleichzeitig in einer beschichteten Pfanne (Ø 26 cm) das restliche Öl erhitzen. Ein Viertel des Pfannkuchenteigs hineingeben und bei mittlerer Hitze in 3–4 Min. goldbraun braten. Pfannkuchen wenden und von der anderen Seite 2–3 Min. braten. Aus dem restlichen Teig drei weitere Pfannkuchen auf die gleiche Weise braten.

5 Je ein Viertel des Kohlrabi-Möhren-Gemüses auf einer Pfannkuchenhälfte verteilen. Mit einem nassen Teelöffel vom Frischkäse kleine Nocken abstechen und auf das Gemüse setzen. Pfannkuchen zusammenklappen und mit den restlichen Kerbelblättchen bestreuen. Alle Pfannkuchen so fertig stellen.

TIPP: Die fertigen Pfannkuchen zwischen zwei Tellern im Backofen bei 100° (Umluft 80°) warm halten, bis alle gebacken sind.

FÜR 4 PERSONEN

- 4 Eier
- 400 ml Milch
- 200 g Mehl
- Salz
- 2 Handvoll Kerbel
  (ersatzweise 1 Bund Petersilie)
- 2 zarte Kohlrabi
- 200 g junge Möhren
- 1 Zwiebel
- 6 EL Öl
- Pfeffer
- 200 g Kräuter-Frischkäse

PRO PERSON: 605 KAL.
ZUBEREITUNGSZEIT: 1 STD.

4 x BILLIGES KARTOFFELGERICHT

RUNZELKARTOFFELN MIT MOJO

- -

Für 4 Personen

800 g kleine, festkochende **Kartoffeln** gut waschen und abbürsten. Mit 150 g grobem **Meersalz** in einen breiten Topf geben. Mit so viel kochend heißem Wasser begießen, dass die Kartoffeln gerade bedeckt sind. Mit leicht geöffnetem Deckel ca. 20 Min. kochen. Inzwischen 1 rote **Paprikaschote** halbieren, putzen, waschen und zerkleinern. 2 **Knoblauchzehen** schälen und hacken. 1 rote **Chilischote** halbieren, entkernen, waschen und fein würfeln. Knoblauch und Chili zur Paprika geben. Mit 1 TL edelsüßem **Paprikapulver**, 1 TL gemahlenem **Kreuzkümmel** und 1 EL **Rotweinessig** pürieren, dabei 100 ml **Olivenöl** nach und nach dazugeben. Die Mojo mit **Meersalz** und **Pfeffer** abschmecken. Die Kartoffeln abgießen und offen ausdampfen lassen, bis sich die Schale runzelt und die Knollen von einer Salzschicht überzogen sind.

KARTOFFEL-SELLERIE-PUFFER

- -

Für 4 Personen

400 g mehligkochende **Kartoffeln** und 100 g **Knollensellerie** schälen, waschen und fein raspeln. 1 **Zwiebel** schälen und klein würfeln. Kartoffeln, Sellerie und Zwiebel mit 2 **Eiern** und 2 EL **Mehl** gut vermischen. Mit **Salz**, **Pfeffer** und 1 TL abgeriebener Bio-**Zitronenschale** würzen. In einer großen beschichteten Pfanne jeweils 2 EL **Öl** erhitzen. Für jeden Puffer 1 gehäuften Esslöffel Kartoffelteig hineingeben, etwas flach drücken und von jeder Seite bei mittlerer Hitze 3–4 Min. goldbraun braten. 8–10 Puffer braten.

TIPP: Fertige Puffer auf Küchenpapier abtropfen lassen und im Ofen bei 150° (Umluft 130°) auf einem Backblech warm halten.

Die tolle Knolle lässt keinen Hunger ungestillt. Und schmeckt von chilischarf bis provençal einfach phänomenal!

OFENKARTOFFELN

Für 4 Personen

4 große mehligkochende **Kartoffeln** (à ca. 200 g) gut waschen, abbürsten und abtrocknen. Backofen auf 220° (Umluft 200°) vorheizen. Kartoffeln mit **Öl** einpinseln, auf ein mit Backpapier belegtes Blech legen und im Ofen (Mitte) 50–70 Min. backen. Inzwischen von 2 gegarten **Kasselerkoteletts** (à ca. 175 g) den Knochen abschneiden. Das Fleisch klein würfeln. 200 g gekochte **Rote Bete** (Kühlregal) und 1 große **Gewürzgurke** klein würfeln. 1 kleine **Zwiebel** schälen und fein hacken. 200 g **saure Sahne** und 2 EL **Mayonnaise** mit 1 TL scharfem **Senf**, mit wenig **Salz** und mit **Pfeffer** verrühren. Kasseler, Rote Bete, Gurke und Zwiebel unterheben. Kartoffeln anrichten, kreuzweise einschneiden und etwas auseinanderklappen. 3–4 EL Kasseler-Mix in die Mitte füllen, Rest dazu reichen. Mit **Dill** garnieren.

PÜREE PROVENÇAL

Für 4 Personen

600 g mehligkochende **Kartoffeln** schälen, waschen und in Stücke schneiden. In wenig **Salz**wasser bei mittlerer Hitze in ca. 20 Min. gar kochen. 1 Dose große **weiße Bohnen** (240 g Abtropfgewicht) in ein Sieb gießen, abbrausen, abtropfen lassen, nach 10 Min. zu den Kartoffeln geben und bis zum Schluss mitgaren. 2 **Knoblauchzehen** schälen und in dünne Scheiben schneiden. 2 Zweige **Rosmarin** waschen, trocken schütteln und die Nadeln abstreifen. 4 EL **Olivenöl** in einer Pfanne erhitzen, Knoblauch und Rosmarin knusprig braten. Kartoffeln und Bohnen abgießen und durch eine Kartoffelpresse in eine Schüssel drücken. 200 ml heiße **Milch** unterrühren und mit **Salz**, **Pfeffer** und abgeriebener Bio-**Zitronenschale** abschmecken. Das Püree mit dem Knoblauch-Rosmarin-Öl beträufeln.

KARTOFFEL-SPARGEL-TORTILLA

Einfach riesig – ein Omelett für den schmalen Geldbeutel

FÜR 4 PERSONEN

- 600 g festkochende Kartoffeln
- 400 g grüner Spargel
- Salz
- 1 Zwiebel
- 1 Bund Petersilie
- 8 Eier
- 8 EL Sahne
- 75 g geriebener Parmesan
- Pfeffer
- 4 EL Olivenöl

PRO PERSON: 500 KAL.
ZUBEREITUNGSZEIT: 1 STD. 10 MIN.

1 Die Kartoffeln schälen, waschen und in dünne Scheiben schneiden oder hobeln. Den Spargel putzen, waschen, nur im unteren Drittel schälen und schräg in dünne Scheiben schneiden. Kartoffeln und Spargel in einer Schüssel mit 2 TL Salz vermischen. Die Zwiebel schälen und würfeln.

2 Die Petersilie waschen und trocken schütteln, die Blätter abzupfen und fein schneiden. Eier, Sahne und Parmesan mit Salz, Pfeffer und der Petersilie in einer Schüssel verrühren.

3 Den Backofen auf 200° (Umluft 180°) vorheizen. Das Öl in einer großen ofenfesten Pfanne erhitzen. Die Zwiebel darin glasig dünsten. Die Hälfte der Kartoffel-Spargel-Mischung hineingeben und unter Wenden bei mittlerer Hitze ca. 8 Min. braten. Herausnehmen und die zweite Hälfte genauso braten. Alles Gemüse wieder in die Pfanne geben, salzen und pfeffern. Die Eiersahne darübergießen und bei mittlerer Hitze 8–10 Min. stocken lassen, bis die Unterseite goldbraun ist.

4 Die Pfanne in den heißen Ofen (2. Schiene von unten) stellen und die Tortilla ca. 10 Min. überbacken, bis auch die Oberfläche gestockt ist. Nach Belieben mit Pfeffer würzen. Die Tortilla in Stücke schneiden.

PASST GUT DAZU: Kopfsalat mit Kräutern oder Romanasalat mit Rucola (beide Seite 16).

FLEISCH & GEFLÜGEL

Einfach gut!

DIE BILLIGEN 4 BEIM METZGER

SCHWEINEBAUCH

- →

Frisch und geräuchert bei jedem Metzger günstig – auch in Bio-Version / wird in Bayern Wammerl genannt / heißt geräuchert auch durchwachsener Speck oder Räucherspeck / frisch für **Brotaufstrich aus der französischen Landküche** (Schweine-Rillette, Seite 35) und deftigen **Krusterlbraten** (Seite 90) / geräucherte Power für **Gröstl** (Seite 52) und **Nudelsauce** (Seite 55) / kann Kabanossi im **Rührei** ersetzen / billig & gästefein: für **fruchtige Speckröllchen** getrocknete Aprikosen in heißem Wasser mit Zitronensaft, 1 Prise Chiliflocken und etwas Kreuzkümmel einweichen, dann trocken tupfen, mit 1 hauchdünnen Scheibe Räucherspeck umwickeln und in wenig Öl in 4–5 Min. knusprig braten.

RINDER – WADSCHENKEL

← -

Bei jedem Metzger günstig – auch in Bio-Version / muss manchmal allerdings vorbestellt werden / heißt auch **Haxe, Hesse** oder **Beinfleisch,** in der Schweiz **Stotzen** / billigstes und bestes Fleisch für **Rinder-Gulasch und Ragout** / zum langen Schmoren ideal geeignet / **braucht etwas Zeit, wird dann aber auch herrlich zart** und saftig **mit schöner Sauce** / günstige Schmoralternative ist Fleisch aus der Rinderschulter / billig & gästefein: **Rindfleisch-Ragout** (Seite 94) mit Portwein oder Cognac kräftig abschmecken und mit knusprig frittierter Petersilie servieren.

HÄHNCHENFLÜGEL

Bei jedem Metzger günstig – auch in Bio-Version / im Supermarkt meist abgepackt als Chicken wings / bei dreigliedrigen Flügeln das kleinste Glied abschneiden und für eine **Suppe** verwenden (Reste-Tipp Seite 96) – es besteht nur aus Haut und Knöchelchen / Hähnchenflügel lassen sich abwechslungsreich panieren und **in der Pfanne ausbacken** (Seite 96) / billig, schnell & gästefein: Für **Chicken wings aus dem Ofen** 8 fleischige Hähnchenflügel mit einer Marinade aus 2 EL Zitronensaft, 1 TL Honig, 1 TL gehacktem Rosmarin, Salz und Pfeffer einreiben und im vorgeheizten Backofen bei 225° (Umluft 200°) in ca. 15 Min. goldbraun und knusprig garen, dabei einmal wenden.

PUTENSCHNITZEL

Bei jedem Metzger günstig / nicht am billigsten, aber am besten in Bio-Version / weniger aromatisch, aber auch **preiswerter als Hähnchenbrustfilet / lässt sich auf 101 Art kombinieren**, z. B. mit Bulgur und Spinat (Seite 62) oder mit Salbei und Kirschtomaten (Seite 98) / für knusprige **Puten-Nuggets** 2 dicke Schnitzel in kleinere Stücke schneiden und wie Chicken wings (Seite 96) panieren und knusprig braten / billig & gästefein: für **Pute in Kokosmilch** das Gemüse in Kokosmilch (Seite 74) ohne Kohl zubereiten. Stattdessen 2 Putenschnitzel in Streifen schneiden, 4–6 Min. im Wok braten, zum Schluss unter das übrige Gemüse rühren und mit Korianderblättern bestreut servieren.

KRUSTERLBRATEN MIT DUNKELBIERSAUCE

Schmankerl für geduldige Schnäppchen-Köche

1 Den Backofen auf 175° vorheizen. Das Fleisch mit Salz, Pfeffer, Majoran und Kümmel einreiben. Möhren und Sellerie putzen, schälen und würfeln. Zwiebel schälen und würfeln. Die Brotkruste in Stückchen teilen.

FÜR 4 PERSONEN

- **1 kg Schweinebauch** (Schwarte vom Metzger rautenförmig einschneiden lassen)
- **Salz**
- **Pfeffer**
- **je 1 TL getrockneter Majoran und Kümmel**
- **2 Möhren**
- **1 Stück Knollensellerie** (ca. 100 g)
- **1 Zwiebel**
- **1 Stückchen dunkle Brotkruste** (Endstück oder von ½ Scheibe Brot)
- **1 EL Butterschmalz**
- **½ l heiße Fleischbrühe**
- **½ l dunkles Weizenbier** (kein Malzbier)

Alufolie

PRO PORTION: 770 KAL.
ZUBEREITUNGSZEIT: 35 MIN.
+ 2 STD. GAREN

2 Das Butterschmalz in einem Bräter erhitzen. Fleisch darin von jeder Seite bei starker Hitze anbraten und herausnehmen. Gemüse- und Brotstückchen 2–3 Min. im Bräter anrösten und mit etwas Brühe und einem Schuss Bier ablöschen. Das Fleisch mit der Schwarte nach oben in den Bräter geben und im heißen Ofen (2. Schiene von unten, Umluft 155°) ca. 1 ½ Std. braten. Dabei die Schwarte öfter mit Bratflüssigkeit übergießen und bei Bedarf Brühe und Bier angießen.

3 Nach 1 ½ Std. die Ofentemperatur auf 225° (Umluft 200°) erhöhen. Braten mit 1 Schuss Bier begießen und 10–15 Min. weiterbraten, bis die Schwarte schön braun und knusprig ist. Eventuell kurz den Backofengrill dazuschalten. Braten herausnehmen, in Alufolie wickeln und noch ca. 10 Min. im ausgeschalteten Backofen auf dem Rost ruhen lassen.

4 Inzwischen für die Sauce den Bratensatz mit restlichem Bier und restlicher Brühe loskochen, dann durch ein Sieb in einen Topf passieren, dabei Gemüse- und Brotstückchen gründlich durch das Sieb drücken. Falls nötig, etwas kaltes Wasser nachgießen. Die Sauce etwas abkühlen lassen, dann die Fettschicht »ablöffeln«. Die Sauce bei starker Hitze erneut aufkochen und – falls sämig gewünscht – kurz einkochen lassen. Mit Salz und Pfeffer abschmecken. Den Braten aufschneiden und mit Sauce servieren.

PASST GUT DAZU: Kartoffelknödel oder Salzkartoffeln und Krautsalat.

CHINA–HACK–PFANNE

Knackig grün mit Brokkoli – und als Extra feine Glasnudeln

FÜR 4 PERSONEN

---

500 g Brokkoli
Salz
1 Bund Frühlingszwiebeln
2 Knoblauchzehen
1 Stück Ingwer (2–3 cm)
180 g breite Glasnudeln
3 EL Öl
400 g gemischtes Hackfleisch
5 EL Sojasauce
400 ml passierte Tomaten (Tetrapak)
Pfeffer

PRO PERSON: 545 KAL.
ZUBEREITUNGSZEIT: 40 MIN.

1 Den Brokkoli putzen, waschen und in Röschen teilen. Die Stiele schälen und in 1 cm kleine Stücke schneiden. Die Stiele in kochendem Salzwasser 2 Min. blanchieren, abschrecken und gut abtropfen lassen.

2 Die Frühlingszwiebeln putzen, waschen und schräg in 2–3 cm lange Stücke schneiden. Knoblauch und Ingwer schälen und fein hacken. Die Nudeln in einer Schüssel mit kochend heißem Wasser übergießen und ca. 10 Min. einweichen.

3 In einer großen Pfanne oder im Wok 1 EL Öl erhitzen, das Hackfleisch darin bei starker Hitze unter Rühren in ca. 5 Min. braun und krümelig braten. Aus Pfanne oder Wok nehmen und mit 1 EL Sojasauce würzen. Das restliche Öl im Wok erhitzen. Brokkoli, Frühlingszwiebeln, Knoblauch und Ingwer hineingeben und 3–4 Min. unter Wenden braten.

4 Die passierten Tomaten unterrühren und aufkochen lassen. Fleisch hinzufügen und bei schwacher Hitze ca. 5 Min. garen. Inzwischen die Glasnudeln abgießen, nach Belieben mit einer Küchenschere in ca. 4 cm lange Stücke schneiden und untermischen. Die China-Hack-Pfanne mit der restlichen Sojasauce, Salz und Pfeffer abschmecken.

PASST GUT DAZU: Den Mix mit etwas Limettensaft abschmecken und mit Korianderblättern bestreut servieren.

RINDFLEISCH-RAGOUT

Gästeessen für wenig Geld: Was lange schmort, wird richtig lecker!

1 Die Fleischwürfel mit Thymian und Lorbeer-blättern in eine Schüssel geben. Mit 1 EL Öl und dem Rotwein begießen und mind. 4 Std. marinie-ren lassen.

2 Zwiebeln schälen, Möhren putzen und eben-falls schälen. 2 Zwiebeln und 1 Möhre sehr fein würfeln. Die restlichen Möhren schräg in dickere Scheiben schneiden.

3 Das Fleisch aus der Marinade nehmen und mit Küchenpapier gut trocken tupfen. Fleischwür-fel in zwei Portionen in einem großen Schmor-topf in je 1 EL Öl bei starker Hitze rundherum anbraten, herausnehmen, mit Salz und Pfeffer würzen und mit Mehl bestäuben.

4 Ganze Zwiebeln und Möhrenscheiben ins Bratfett geben, mit etwas Puderzucker bestäu-ben und in 2–3 Min. leicht bräunen und kara-mellisieren. Herausnehmen und beiseitestel-len. Zwiebel- und Möhrenwürfel sowie das Tomatenmark kurz im Schmortopf anbraten. Fleisch dazugeben, mit etwas Marinade und Brühe ablöschen, aufkochen und zugedeckt bei schwacher Hitze knapp 2 Std. schmoren las-sen, bei Bedarf Marinade und Brühe angießen.

5 Nach 2 Std. Zwiebeln und Möhrenscheiben dazugeben. Alles ca. 20 Min. zugedeckt weiter-schmoren. Falls die Sauce noch zu flüssig ist, Sauce offen 3–5 Min. sämig einkochen. Das Ragout mit Salz und Pfeffer und mit 1 Schuss Rot-wein abschmecken und servieren.

PASST GUT DAZU: Breite Bandnudeln oder knuspriges Baguette.

FÜR 4 PERSONEN

600 g Rinderwade (Wadschenkel; ersatz-weise Schulter; vom Metzger in 3–4 cm große Stücke schneiden lassen)
1 EL getrockneter Thymian
2 Lorbeerblätter
3 EL Olivenöl
ca. **375 ml trockener Rotwein**
250 g kleine Zwiebeln
3 kleine Möhren (ca. 200 g)
Salz
Pfeffer
1 EL Mehl
Puderzucker
1 EL Tomatenmark
ca. **½ l kräftige Rindfleischbrühe**

PRO PERSON: 290 KAL.
ZUBEREITUNGSZEIT: 40 MIN.
+ 4 STD. MARINIEREN
+ 2 STD. 20 MIN. SCHMOREN

KNUSPRIGE CHICKEN WINGS

Fingerfood für wenig Geld – picknicktauglich!

1 Die Hähnchenflügel abbrausen, trocken tupfen und mit der Geflügelschere an den Gelenken durchschneiden. Bei Flügeln mit drei Gliedern jeweils das kleinste Teil wegwerfen oder für selbstgekochten Hühnerfond verwenden (siehe Reste-Tipp). Die größeren Teile mit Salz und Pfeffer würzen.

2 Das Ei mit der Milch in einem tiefen Teller mit einem Schneebesen luftig aufschlagen. Das Mehl, die Semmelbrösel, die Sesamsamen und die Cornflakes jeweils auf tiefe Teller geben. Die Cornflakes mit der Faust leicht zerbröseln.

3 Das Öl knapp 2 cm hoch in eine Pfanne gießen und stark erhitzen. Die Hähnchenteile erst durch das Mehl, dann durch die verquirlten Eier ziehen und zum Schluss in Semmelbröseln oder Sesamsamen oder Cornflakes wenden. Panierte Hähnchenteile sofort in der Pfanne in ca. 5 Min. goldgelb und knusprig ausbacken und auf Küchenpapier entfetten.

4 Die Zitrone in Schnitze schneiden. Die Chicken wings entweder sofort heiß mit Zitronenschnitzen und süßsaurer Chilisauce servieren oder später kalt genießen.

RESTE-TIPP: Für Hühnerfond je 1 Möhre und 1 Stange Staudensellerie schälen bzw. waschen und grob zerkleinern. 1 Zwiebel mit Schale halbieren und die Schnittflächen anrösten. Suppengemüse mit den Flügelteilen, 1 Lorbeerblatt, 1 TL Pfefferkörnern und gut 1 l Wasser aufkochen und mind. 1 Std. zugedeckt köcheln lassen. Den Fond durch ein Sieb gießen, kräftig salzen und als Basis für eine Nudel- oder Gemüsesuppe verwenden.

FÜR 4 PERSONEN

- **8 fleischige Hähnchenflügel** (Chicken wings; à ca. 120 g)
- **Salz**
- **Pfeffer**
- **1 Ei** (Größe L)
- **4 EL Milch**
- **4 EL Mehl**
- **je 70 g Semmelbrösel, Sesamsamen und Cornflakes ohne Zucker** (oder ca. 200 g Semmelbrösel)
- **ca. ½ l Öl zum Ausbacken**
- **1 Zitrone**
- **süßsaure Chilisauce zum Dippen**

PRO PERSON: 570 KAL.
ZUBEREITUNGSZEIT: 40 MIN.

PUTENSPIESSE MIT TOMATEN UND SALBEI

Sparen, spießen und genießen – in Rot-Weiß-Grün!

1 Die Kirschtomaten waschen. Salbei waschen und trocken schütteln. Eventuell vorhandene Blüten abzupfen. 3–4 Blätter klein schneiden. Den Frühstücksspeck klein hacken. Die Orangenhälfte heiß waschen und abtrocknen. 1 TL Schale abreiben und den Saft auspressen.

2 Die Putenschnitzel mit einer Pfanne sehr dünn klopfen, salzen und pfeffern, mit Speck, Orangenschale und zerkleinertem Salbei bestreuen und von der Breitseite her eng aufrollen. Die Rollen mit einem scharfen Messer in kirschtomatenbreite Röllchen schneiden. Die Röllchen abwechselnd mit Salbeiblättern und Kirschtomaten auf die Spieße stecken.

3 Öl und Butter in einer Pfanne erhitzen. Die Spieße darin bei mittlerer Hitze unter mehrmaligem Wenden insgesamt 8–10 Min. braten, bis das Fleisch durchgebraten ist. Spieße auf vorgewärmte Teller geben. Den Bratensatz mit Orangensaft lösen und über die Spieße träufeln. Die Spieße nach Belieben mit Salbeiblüten bestreut servieren.

NOCH BUNTER: Gemüsefans spießen Zucchinischeiben und Paprikastücke mit auf.

PASST GUT DAZU: Baguette oder Püree provençal (Seite 83).

SZEGEDINGER GULASCH

Herzhaft mit Sauerkraut und Schweinefleisch – von sparsamen Ungarn erfunden

FÜR 4 PERSONEN

600 g Schweineschulter
(ohne Schwarte und Knochen)
2 Zwiebeln
1 Knoblauchzehe
50 g Schweine- oder Butterschmalz
2 EL edelsüßes Paprikapulver
2 EL Tomatenmark
1 TL Kümmelsamen
600 ml Fleischbrühe
1 Dose Sauerkraut (770 g Abtropfgewicht)
Salz
Cayennepfeffer

PRO PERSON: 520 KAL.
ZUBEREITUNGSZEIT: 30 MIN.
+ 1 STD. 30 MIN. GAREN

1 Das Fleisch von Fett und Sehnen befreien, in ca. 4 cm große Würfel schneiden und mit Küchenpapier trocken tupfen. Die Zwiebeln schälen, halbieren und in dünne Scheiben schneiden. Den Knoblauch schälen und fein würfeln.

2 Das Schmalz in einem weiten Topf erhitzen, das Fleisch darin in zwei Portionen bei starker Hitze ca. 5 Min. unter ständigem Wenden anbraten. Dann alles Fleisch in den Topf geben. Zwiebeln, Knoblauch, Paprikapulver, Tomatenmark und Kümmel dazugeben und unter Rühren leicht anrösten. Die Brühe dazugießen und das Fleisch zugedeckt bei schwacher Hitze ca. 1 Std. garen.

3 Das Sauerkraut abtropfen lassen, zerpflücken und dazugeben. Alles bei mittlerer Hitze noch 30 Min. zugedeckt schmoren. Mit Salz und Cayennepfeffer abschmecken.

PASST GUT DAZU: Schmand oder saure Sahne und Salzkartoffeln mit Petersilie.

GEFÜLLTES CIABATTA-HÄHNCHEN

All-inclusive-Braten mit würzigem Brot-Mix

1 Das Ciabatta entrinden, in kleine Würfel schneiden und in eine Schüssel geben. Die Zwiebel schälen und fein würfeln.

FÜR 4 PERSONEN

- -

120 g Ciabatta
1 kleine Zwiebel
2 EL Butter
⅛ l Milch
Salz
Pfeffer
1 Zweig Rosmarin
75 g schwarze Oliven
½ Bund Petersilie
1 Ei und 1 Eigelb
1 Brathähnchen (ca. 1,4 kg)
Holzstäbchen (Zahnstocher)

- -

PRO PERSON: 635 KAL.
ZUBEREITUNGSZEIT: 45 MIN.
+ 1 STD. 20 MIN. BRATEN

2 Die Butter in einem Topf erhitzen und die Zwiebel darin andünsten. Die Milch dazugießen, aufkochen und über die Brotwürfel gießen. Mit Salz und Pfeffer würzen. Rosmarin waschen, die Nadeln abzupfen, klein schneiden, zum Brot geben und alles ca. 15 Min. quellen lassen.

3 Inzwischen die Oliven entsteinen und fein hacken. Petersilie waschen, trocken schütteln, die Blätter abzupfen und fein schneiden. Die Brotwürfel mit Oliven, Petersilie, Ei und Eigelb gründlich mischen.

4 Den Backofen auf 220° (Umluft 200°) vorheizen. Das Hähnchen kalt abbrausen, abtrocknen, innen und außen mit Salz und Pfeffer würzen und mit der Brotmasse füllen. Die Öffnung mit Holzstäbchen zustecken und das Hähnchen nach Belieben mit Küchengarn binden. Mit der Brustseite nach unten auf ein Backblech oder in eine ofenfeste Form legen. Im Ofen (unten) ca. 30 Min. braten, dann wenden. Die Temperatur auf 200° (Umluft 180°) herunterschalten und das Hähnchen ca. 50 Min. weiterbraten.

PASST GUT DAZU: Geschmorte Kohlspalten (Seite 76) oder Romanasalat mit Rucola (Seite 16).

TIPP: Für Mega-Hungrige 2 Hähnchen füllen und zusammen im Ofen braten.

FISCH

Auch bei Ebbe im Geldbeutel

DIE BILLIGEN 4 AUS DER FISCHABTEILUNG

TK-FISCHFILET

- →

Gut und günstig in jedem Supermarkt / besonders preiswert von Seelachs / billiger als frisches Fischfilet / vor der Zubereitung Filets antauen lassen / eventuell vorhandene Gräten mit den Fingerspitzen aufspüren und mit einer Pinzette herauszupfen / nachhaltig gefangener Fisch trägt auf der Verpackung das **blaue Siegel des MSC** (Marine Stewardship Council) / lässt sich abwechslungsreich kombinieren und zubereiten: für Kinder als **Frikadelle** (Seite 114), mit TK-Spinat im **Gratin** (Seite 115) oder sanft gedünstet **auf Gemüse** (Seite 114) / billig & gästefein: **Gurken-Fisch-Ragout** (Seite 115) mit TK-Lachsfilet zubereiten – auch optisch ein Genuss.

FORELLE

←- -

Geräuchert und als TK-Fisch günstig in fast jedem Supermarkt / geräucherte Filets **peppen Nudelsalat auf** (Seite 24) und können Makrele **im cremigen Brotaufstrich** (Seite 34) ersetzen / **frische Forellen beim Fischhändler kaufen** und dort auch ausnehmen und schuppen lassen / Qualitätsmerkmal: Forellen aus guter Zucht haben unverletzte Flossen / zum (kurzen) Aufheben frische Forellen auf einen Teller legen, mit Folie abdecken und max. 1 Tag in den Kühlschrank stellen / billig & gästefein: **Asia-Forellen** (Seite 116) mit Reis.

MAKRELE

--->

Geräuchert rund ums Jahr günstig beim Fischhändler und im Supermarkt / frisch am billigsten und besten im Sommer / auch tiefgekühlt günstig / Kennzeichen für Frische: glänzende, glatte Haut, fest anliegende Kiemen und klare Augen / frische Makrelen am besten am Einkaufstag genießen / Räucherfisch ist im Kühlschrank ca. 3 Tage haltbar / billig & büfetttauglich: **Makrelencreme** (Seite 34) / billig & gartenpartytauglich: für **Makrele vom Holzkohlegrill** die Fische vorbereiten (siehe Seite 112) und dann bei mittlerer Glut in einer eingeölten Grillschale 20–25 Min. grillen, dabei einmal wenden.

MATJES

<---

Am billigsten und besten in der traditionellen Matjes-Saison von Mai bis Juli / durch Tiefkühlung aber inzwischen rund ums Jahr gut und günstig / die mild gesalzenen Matjes werden aus jungen Heringen gemacht, die noch nicht gelaicht haben / enthalten mindestens 12 Prozent Fett / nur kurz und gut abgedeckt im Kühlschrank aufbewahren / **klassisch** mit fein gehackten Zwiebeln / **trendy** zu Chili-Wedges und Frühlingsquark (Seite 110) / billig & gästefein: für **Matjes-Dip** 3 Matjesfilets in kleine Würfel schneiden und statt der Kasseler Koteletts unter die Rote-Bete-Creme für Ofenkartoffeln (Seite 83) rühren.

KÜRBIS-LAUCH-PFANNE MIT PANGASIUS

Eine echt scharfe Kombi-Idee

FÜR 4 PERSONEN

- 1 Hokkaidokürbis (ca. 750 g)
- 1 Stange Lauch
- 1 mittelscharfe rote Chilischote
- 1 Zwiebel
- 400 g Pangasiusfilet
  (ersatzweise Rotbarsch)
- Salz
- Pfeffer
- 4 EL Öl
- 150 ml Hühnerbrühe
- 2 EL helle Sojasauce
- 2 EL Zitronensaft

PRO PERSON: 215 KAL.
ZUBEREITUNGSZEIT: 50 MIN.

1 Den Kürbis vierteln und entkernen. Die Viertel entweder schälen oder gründlich waschen und verholzte Stellen abschneiden. Die Viertel quer halbieren und in 1 cm breite Spalten schneiden, diese in mundgerechte Stücke schneiden. Den Lauch putzen, gründlich waschen und schräg in 1 cm breite Scheiben schneiden. Die Chilischote halbieren, Trennwände und Kerne entfernen, die Hälften waschen und in feine Streifen schneiden. Die Zwiebel schälen und fein hacken.

2 Das Fischfilet abbrausen, trocken tupfen und in mundgerechte Stücke schneiden. Mit Salz und Pfeffer würzen.

3 In einer großen Pfanne 2 EL Öl erhitzen, den Fisch darin portionsweise von beiden Seiten ca. 2 Min. anbraten. Herausnehmen und zugedeckt beiseitestellen. Die Pfanne auswischen.

4 Das restliche Öl in der Pfanne erhitzen und die Zwiebel glasig dünsten. Den Kürbis dazugeben und bei mittlerer Hitze ca. 5 Min. mitdünsten. Lauch und Chili hinzufügen und ca. 3 Min. mitgaren. Die Brühe dazugießen und alles weitere 5 Min. garen. Den Fisch zum Gemüse geben und noch einmal kurz erhitzen. Alles mit Sojasauce, Zitronensaft, Salz und Pfeffer abschmecken.

PASST GUT DAZU: Weißer Reis und als i-Tüpfelchen obendrauf 1 EL gerösteter Sesam.

MATJES MIT CHILI-WEDGES UND FRÜHLINGSQUARK

Klassiker mit Chili-Kick, der nicht nur im Juni schmeckt

1 Für die Wedges den Backofen auf 225° (Umluft 200°) vorheizen. Die Kartoffeln waschen, gründlich abbürsten, trocken tupfen und längs halbieren. Jede Hälfte längs in 3–4 Schnitze schneiden.

2 Gut die Hälfte des Chilipulvers in einer großen Schüssel mit 3 EL Olivenöl und 1 EL Salz verrühren. Kartoffelschnitze in die Schüssel geben und mit dem Würzöl mischen. Das restliche Öl mit dem restlichen Chilipulver verrühren.

3 Ein Blech mit Backpapier belegen. Die Kartoffelschnitze mit der Schale nach unten darauf verteilen und im heißen Ofen in ca. 25 Min. goldbraun garen, zum Schluss nach Belieben den Backofengrill 1–2 Min. dazuschalten.

4 Inzwischen den Quark oder Topfen mit Salz, Pfeffer, Schmand, Zitronensaft und -schale glatt rühren. Frühlingszwiebeln putzen, waschen und in feine Röllchen schneiden. Die Kräuter waschen und trocken schütteln. Kerbelblättchen ohne die groben Stiele fein schneiden. Die Dillspitzen abzupfen und kleiner schneiden, die Hälfte mit den Frühlingszwiebeln und dem Kerbel unter den Quark rühren. Den Quark abschmecken.

5 Die Matjesfilets auf vier große Teller verteilen. Frühlingsquark in vier Förmchen füllen. Jeweils 1 Spritzer Chiliöl daraufgeben. Die Chili-Wedges aus dem Ofen nehmen, neben den Matjesfilets anrichten und alles mit dem restlichen Dill garniert servieren.

FÜR 4 PERSONEN

- 800 g größere, neue festkochende Kartoffeln
- ½–1 TL Chilipulver (Gewürzmischung) oder Cayennepfeffer
- 4 EL Olivenöl
- Salz
- 250 g Quark oder Topfen (Magerstufe)
- Pfeffer
- 200 g Schmand
- je 1 TL Saft und abgeriebene Schale von 1 Bio-Zitrone
- 3 dünne Frühlingszwiebeln
- 1 Handvoll Kerbel (nach Belieben)
- 1 kleines Bund Dill
- 4 doppelte Matjesfilets

Backpapier

PRO PERSON: 605 KAL.
ZUBEREITUNGSZEIT: 40 MIN.

GEGRILLTE MAKRELEN MIT RUCOLASALAT

Schmeckt nach Meer und großen Ferien!

1 Für den Salat den Rucola waschen und trocken schütteln. Grobe Stiele abknipsen. Essig mit Salz und Pfeffer verrühren, dann das Olivenöl unterschlagen. Beiseitestellen.

2 Die Makrelen kalt abbrausen, trocken tupfen und in eine geölte Auflaufform legen. Thymian waschen und trocken schütteln. Die Blätter von 2 Zweigen abstreifen. Die Pfefferkörner im Mörser grob zerdrücken und mit den Thymianblättern und gut 1 EL Salz vermischen. Die Fische innen und außen mit der Mischung würzen. Zitrone heiß waschen, abtrocknen und in dünne Scheiben schneiden, die Scheiben halbieren.

3 Zitronen, Lorbeerblätter und restliche Thymianzweige in die Bauchhöhlen der Fische geben. Inzwischen den Backofengrill auf höchster Stufe anheizen. Fische unter den heißen Grillschlangen (mit ca. 15 cm Abstand) je nach Größe 7–9 Min. grillen, dann wenden und weitere 7–9 Min. grillen. Während des Grillens die Fische unbedingt im Auge behalten. Ihre Haut soll knusprig braun, aber nicht schwarz werden.

4 Den Rucola mit der Vinaigrette vermischen. Gegrillte Makrelen daneben anrichten.

NOCH BILLIGER: Die frischen Fische können Sie auch durch 4 kleine, aufgetaute TK-Makrelen ersetzen. Falls Sie bei Ihrem Händler nur große Makrelen bekommen – 2 Fische à ca. 600 g reichen für 4 Personen. Die größeren Makrelen 8–10 Min. pro Seite grillen.

ETWAS TEURER: Rucolasalat mit gehobeltem Parmesan servieren.

FÜR 4 PERSONEN

Für den Salat:
2 Bund Rucola
2 EL Aceto balsamico
Salz
Pfeffer
4 EL Olivenöl

Für die Makrelen:
4 kleine, küchenfertige Makrelen (à ca. 300 g; siehe Tipp)
Öl für die Auflaufform
1 kleines Bund frischer Thymian (ersatzweise 1 TL getrockneter Thymian)
1 ½ TL Pfefferkörner
Salz
2 Bio-Zitronen
8 Lorbeerblätter

PRO PERSON: 675 KAL.
ZUBEREITUNGSZEIT: 35 MIN.

4 x BILLIGES TK-FISCHFILET ...

FISCHFILET AUF GEMÜSE

Für 4 Personen

4 Scheiben **TK-Kabeljau- oder Pangasiusfilet** (à 120–130 g) mit 2 EL **Zitronensaft** beträufeln, mit **Salz** und **Pfeffer** würzen und antauen lassen. Inzwischen 2 kleine **Zucchini**, 2 **Möhren** und 1 zarte Stange **Lauch** putzen bzw. schälen, waschen und in sehr feine Streifen schneiden. 1 **Zwiebel** schälen und fein hacken. 2 EL **Butter** in einem weiten Topf zerlassen, Gemüse darin unter Rühren bei mittlerer Hitze 2–3 Min. andünsten. ⅛ l **Hühnerbrühe** dazugießen, salzen und pfeffern. Zugedeckt bei schwacher Hitze ca. 3 Min. kochen. Die Fischfilets auf das Gemüse legen und bei schwacher Hitze ca. 10 Min. zugedeckt dünsten. Dann die Fischfilets herausnehmen, das Gemüse mit 2 EL **Crème fraîche** verrühren und noch mal aufkochen. Das Gemüse auf Tellern anrichten und den Fisch darauflegen. Nach Belieben mit Pfeffer übermahlen.

FISCH-FRIKADELLEN

Für 4 Personen

600 g **TK-Fischfilet** (z.B. Rotbarsch, Seelachs oder Pangasius) 1 Std. antauen lassen. 3 Scheiben **Toastbrot** in kaltem Wasser einweichen. 2 **Frühlingszwiebeln** putzen, waschen und das Weiße und Hellgrüne sehr klein schneiden. Fisch grob zerkleinern, dann am besten in der Küchenmaschine oder mit einem großen Messer sehr fein hacken und in eine Schüssel geben. Das Toastbrot gut ausdrücken und zerzupfen. Brot, 1 **Ei** und Frühlingszwiebeln zum Fisch geben. Mit **Salz**, **Pfeffer** und 1 TL abgeriebener Bio-**Zitronenschale** würzen. Alles mit den Knethaken des Handrührgeräts zu einem glatten Teig verkneten. Daraus 16 kleine Frikadellen formen. Diese in 2 Portionen in je 2 EL **Öl** in einer Pfanne bei mittlerer Hitze von jeder Seite ca. 5 Min. braten. Fertige Frikadellen im Ofen bei 100° (Umluft 80°) warm halten. Mit **Zitronenspalten** servieren.

... ist ein Genuss, den man sich ruhig öfter mal leisten sollte: einfach zu machen und trotzdem immer was Besonderes.

SEELACHS-GRATIN

- -

Für 4 Personen

4 **TK-Seelachsfilets** (à ca. 100 g) antauen lassen. 250 g **TK-Blattspinat** nach Packungsangabe in einem Topf mit 75 ml Wasser bei schwacher Hitze auftauen lassen, gelegentlich umrühren. Inzwischen eine Gratinform (ca. 35 x 20 cm) mit **Olivenöl** einfetten. 6 mittelgroße **Tomaten** waschen und ohne den Stielansatz quer in Scheiben schneiden. Überlappend in die Form legen, **salzen** und **pfeffern**. Den Backofen auf 200° vorheizen. Die Fischfilets trocken tupfen, salzen, mit 1–2 EL **Zitronensaft** würzen und auf die Tomaten legen. Den Spinat in einem Sieb abtropfen lassen, dann mit 6 EL **Semmelbröseln** und 4 EL Olivenöl mischen, salzen und pfeffern. 1 **Knoblauchzehe** schälen und dazupressen. Die Spinatmischung auf die Fischfilets verteilen. Das Gratin im heißen Ofen (unten, Umluft 180°) 20–25 Min. backen.

GURKEN-FISCH-RAGOUT

- -

Für 4 Personen

400 g **TK-Fischfilet** (z.B. Steinbeißerfilet) antauen lassen. 1 große **Salatgurke** schälen, längs halbieren, entkernen und in Scheiben schneiden. 400 ml **Gemüsebrühe** aufkochen, 300 g **TK-Erbsen** darin zugedeckt 5 Min. garen. Abgießen, dabei 300 ml Brühe auffangen. 2 EL **Butter** in einem weiten Topf zerlassen, mit 1 EL **Mehl** bestäuben und anschwitzen. Erbsenbrühe und 125 g **Sahne** dazugießen, unter Rühren aufkochen und offen bei schwacher Hitze ca. 10 Min. köcheln, dabei ab und zu umrühren. Fischfilet in mundgerechte Stücke schneiden. Mit 2 EL **Zitronensaft**, **Salz** und **Pfeffer** würzen. Die Sauce salzen und pfeffern, Erbsen und Gurken untermischen. Fisch hinzufügen und zugedeckt bei schwacher Hitze in 5–7 Min. gar ziehen lassen. 1 Bund **Dill** abbrausen, trocken schütteln, fein schneiden und vorsichtig unterrühren.

ASIA-FORELLEN

Überraschung! Päckchen mit Aroma-Knüller-Effekt

FÜR 4 PERSONEN

4 küchenfertige Forellen (à ca. 300 g)
Salz
Pfeffer
1 Stück Ingwer (2–3 cm)
2 Knoblauchzehen
4 EL Öl
4 EL Sojasauce
4 kleine bunte Paprikaschoten
(rot und gelb)
150 g frische Mungobohnensprossen
½ Bund Koriandergrün
(ersatzweise Petersilie)

Backpapier
Küchengarn

PRO PERSON: 455 KAL.
ZUBEREITUNGSZEIT: 40 MIN.
+ 30 MIN. MARINIEREN
+ 25 MIN. GAREN

1 Die Forellen kalt abbrausen, trocken tupfen, innen und außen salzen und pfeffern. Ingwer und Knoblauch schälen und fein würfeln. Beides mit dem Öl und der Sojasauce verrühren und über die Forellen träufeln. Die Forellen im Kühlschrank ca. 30 Min. zugedeckt marinieren.

2 Den Backofen auf 200° vorheizen. Die Paprikaschoten halbieren, Trennwände und Kerne entfernen, die Hälften waschen und in dünne Streifen schneiden. Die Sprossen kalt abbrausen und abtropfen lassen.

3 Vier Stücke Backpapier (à ca. 40 x 50 cm) zurechtschneiden. Die Paprikastreifen mit den Sprossen mischen und auf die Bögen verteilen. Die Forellen daraufsetzen. Die Marinade vorsichtig dazugießen. Das Papier locker über dem Fisch zusammenfalten und an den Enden mehrfach mit Küchengarn zubinden. Die Forellen-Päckchen auf ein Blech setzen und im heißen Ofen (unten, Umluft 180°) ca. 25 Min. garen.

4 Vor dem Servieren das Koriandergrün abbrausen, trocken schütteln und die Blätter abzupfen. Die Forellen aus dem Backofen nehmen, das Papier öffnen und die Fische mit dem Koriander bestreut servieren.

PASST GUT DAZU: Weißer Reis, z.B. Basmatireis und Sojasauce.

SÜSSES

Verführer auf die billige Tour

DIE BILLIGEN 4 FÜR SÜSSE SACHEN

MEHL

In jedem Supermarkt gut und günstig – auch in Bio-Version / Essensretter bei absoluter Ebbe in der Haushaltskasse / Basis für **Pfann-kuchen** (z. B. mit Kerbel und Gemüse, Seite 80) und süße **Desserts** (z. B. Dampfnudeln, Seite 124) / in einer dichtschließenden Dose, kühl und trocken gelagert mind. 1 Jahr haltbar / billig & gästefein: Für **kleine mediterrane Fladenbrote** 250 g Mehl mit je 1 Prise Zucker und Salz, 1 Päckchen Trockenhefe und 150 ml lauwarmem Wasser verkneten. Teig zugedeckt ca. 1 Std. gehen lassen. Zu kleinen Fladen formen, mit Öl bepinseln, mit 1 EL getrocknetem Oregano und 1 EL grobem Salz bestreuen und im vorgeheizten Ofen bei 230° (Umluft 200°) 15–20 Min. backen.

BANANEN

In jedem Supermarkt rund ums Jahr günstig / **Billig-Snack in natürlicher Verpackung** / **grüngelbe** enthalten mehr Stärke, weniger Zucker und reifen bei Zimmertemperatur nach / **goldgelbe mit braunen Pünktchen** sind oft bil-liger, schmecken süßer und lassen sich nicht lange lagern / Bananen nicht in der Obstschale aufbewahren, ihr Reifegas lässt andere Früchte schnell faulen / kann jederzeit preiswert am **Fruchtspieß** (Seite 132) oder im **Obstsalat** mit-mischen / überreife Bananen für **Smoothie** mit Orangensaft oder Milch pürieren / billig & gäste-fein: **Bananen-Beignets** (Seite 130) **mit Bee-rensauce aus TK-Beeren** (siehe rechts) servieren.

TK-BEEREN

Selbst im Hochsommer oft preiswerter als frische Früchte / am billigsten als Beerenmix / angebrochene Tüten mit Klammern fest verschließen und sofort wieder tiefkühlen / super für selbst gemachtes **Semifreddo** (Seite 133) oder schnellen **Joghurt-Shake** (siehe unten) / billig & gästefein: für **Beerensauce wie im Sternerestaurant** 100 g TK-Beeren mit 3 EL Wasser, 2–3 EL Zucker und 1 Spritzer Zitronensaft aufkochen, dann durch ein Sieb passieren. Die Sauce auf Desserttellern dekorativ anrichten, darauf 1 Kugel Eis, 1 Portion Kaiserschmarren (Seite 122) oder 1 Bananen-Beignet (Seite 130) setzen.

JOGHURT

In jedem Supermarkt in verschiedenen Fettstufen gut und günstig – auch in Bio-Version / Joghurt pur wird mit Kräutern und Gewürzen schnell zu pikantem **Dip oder würziger Sauce** (z. B. zu Falafel, Seite 42), mit 1 Klecks Marmelade zum leckeren **Billig-Dessert** / Früchte der Saison lieben süße **Joghurtsauce** (Seite 132) / Joghurt im Kühlschrank aufbewahren / kann auch nach der aufgedruckten Mindesthaltbarkeit noch in Ordnung sein: einfach dran schnuppern und ein Löffelchen probieren / billig & alltagstauglich: für **Joghurt-Shake** pro Person 50 g angetaute TK-Beeren mit 100 g Joghurt, 50 ml Milch, 1–2 EL Zucker und 1 Schuss Sahne pürieren.

KAISERSCHMARREN MIT ZWETSCHGENRÖSTER

Vorsicht Suchtgefahr! Außerhalb der Zwetschgensaison auch mit Apfelmus lecker.

FÜR 2 PERSONEN ZUM SATTESSEN,
FÜR 4 ZUM DESSERT

- -

Für den Zwetschgenröster:
400 g Zwetschgen
100 ml Rotwein (ersatzweise Traubensaft)
Zimtpulver
1 Stück Schale von 1 Bio-Zitrone
(ca. 3 x 1 cm)
2–3 EL brauner Zucker

Für den Schmarren:
4 Eier (Größe M)
Salz
2 EL Zucker
200 ml Milch
100 g Mehl
50 g Butterschmalz
Puderzucker zum Bestäuben

- -

BEI 2/4 PERSONEN PRO PERSON:
865/430 KAL.
ZUBEREITUNGSZEIT: 40 MIN.

1 Die Zwetschgen waschen, halbieren, entsteinen und nach Belieben klein schneiden. Mit Rotwein, 1 Prise Zimt, der Zitronenschale und dem braunen Zucker in einen Topf geben. Alles aufkochen und halb zugedeckt bei schwacher Hitze 5–10 Min. köcheln lassen. Zitronenschale entfernen. Einen Teil des Kompotts abnehmen und pürieren. Wieder dazugeben und mit den übrigen Zwetschgen vermischen. Den Zwetschgenröster abkühlen lassen.

2 Für den Schmarren die Eier trennen. Die Eiweiße mit 1 Prise Salz steif schlagen und kühl stellen. Die Eigelbe mit Zucker, Milch und Mehl 3–4 Min. gründlich verrühren. Dann den Eischnee vorsichtig unter die Masse heben.

3 Das Butterschmalz in einer sehr großen Pfanne (oder zwei normalgroßen) erhitzen. Die Eiermasse in die Pfanne füllen und von einer Seite in 3–5 Min. braun und knusprig backen. Dann wenden und dabei in Stücke reißen. Die Stücke in ca. 1 Minute unter Rühren goldgelb bis braun werden lassen. (Nicht zu lange backen, sonst werden sie zäh). Schmarren sofort mit Puderzucker bestäuben und mit dem Zwetschgenröster servieren.

APRIKOSEN–DAMPFNUDELN

Warme Hefeteigkugeln – mit Vanille-Mohn-Sauce in Höchstform

1 Das Mehl in eine Schüssel geben und in die Mitte eine Vertiefung drücken. 50 ml Milch mit 2 EL Zucker lauwarm erhitzen. Die Hefe darin auflösen und in die Mehlmulde gießen.

2 Den Vorteig an einem warmen Ort ca. 10 Min. gehen lassen. Das Ei, 1 EL Butter, 1 Prise Salz und 75 ml lauwarme Milch dazugeben und alles mit den Knethaken des Handrührgeräts zu einem glatten Teig verkneten. Zugedeckt an einem warmen Ort ca. 40 Min. gehen lassen.

3 Die Aprikosen abtropfen lassen. Den Teig auf der bemehlten Arbeitsfläche kurz durchkneten und zu einer dicken Rolle formen. In vier gleich große Stücke teilen, mit bemehlten Händen flach drücken. Auf jede Teigportion 1 Aprikosenhälfte geben, mit Teig umhüllen, dabei darauf achten, dass der Knödel rundum verschlossen ist. Nochmals ca. 30 Min. zugedeckt gehen lassen. Die restlichen Aprikosen in Spalten schneiden.

4 In einem weiten, flachen Topf die restliche Milch mit der restlichen Butter und dem übrigen Zucker erhitzen. Die Dampfnudeln mit etwas Abstand zueinander hineingeben. Zugedeckt bei mittlerer Hitze 20–25 Min. garen. Am Boden soll sich eine hellbraune Kruste bilden.

5 Inzwischen das Saucenpulver mit dem Zucker und 5 EL Milch glatt rühren. Die Butter schmelzen und den Mohn darin unter Rühren kurz andünsten. Die restliche Milch dazugießen, aufkochen und das angerührte Saucenpulver einrühren. Alles bei schwacher Hitze 2–3 Min. kochen lassen. Die Dampfnudeln mit einer Palette vorsichtig aus dem Topf nehmen und auf Tellern anrichten. Mit der Vanille-Mohn-Sauce und den übrigen Aprikosen servieren.

FÜR 4 PERSONEN

Für die Dampfnudeln:
250 g Mehl
¼ l zimmerwarme Milch
3 EL Zucker
½ Würfel Hefe (ca. 20 g)
1 Ei
2 EL weiche Butter
Salz
1 Dose Aprikosen (240 g Abtropfgewicht)
Mehl zum Arbeiten

Für die Sauce:
1 Pck. Vanillesaucenpulver zum Kochen (für ½ l Flüssigkeit)
2 EL Zucker
½ l Milch
1 EL Butter
2 EL gemahlener Mohn

PRO PERSON: 580 KAL.
ZUBEREITUNGSZEIT: 50 MIN. + 1 STD. 20 MIN. GEHEN

BIRNEN–GRIESSAUFLAUF

Goldener Ofentraum mit süßer Knusperkruste

FÜR 4 PERSONEN

- 1 l Milch
- 6 EL Zucker
- 80 g Rosinen
- 125 g Hartweizengrieß
- 500 g möglichst rotschalige Birnen
- 3 EL Zitronensaft
- Butter für die Form
- 2 Eier
- Salz
- 250 g Magerquark
- 50 g Mandelblättchen
- Puderzucker (nach Belieben)

PRO PERSON: 660 KAL.
ZUBEREITUNGSZEIT: 35 MIN.
+ 30 MIN. BACKEN

1 Die Milch mit 2 EL Zucker und den Rosinen in einem Topf aufkochen. Den Grieß einstreuen und unter Rühren auf der abgeschalteten Herdplatte ca. 2 Min. quellen lassen. Den Grießbrei in eine Schüssel umfüllen und abkühlen lassen.

2 Die Birnen waschen, abtrocknen, vierteln und das Kerngehäuse entfernen. Die Viertel in schmale Spalten schneiden. Mit dem Zitronensaft vorsichtig vermengen.

3 Den Backofen auf 200° vorheizen. Eine Auflaufform mit Butter einfetten. Die Eier trennen. Eigelbe mit dem restlichen Zucker dickcremig rühren. Eiweiße mit 1 Prise Salz zu sehr steifem Schnee schlagen. Nacheinander Quark, Eigelbmasse und Eischnee unter den Grießbrei heben. In die vorbereitete Form geben und glatt streichen. Die Birnen auf dem Grießbrei verteilen. Mit den Mandelblättchen bestreuen.

4 Den Auflauf im heißen Backofen (2. Schiene von unten, Umluft 180°) in ca. 30 Min. goldbraun backen. Nach Belieben vor dem Servieren mit Puderzucker bestreuen.

ETWAS TEURER: Die Milch mit dem ausgekratzten Mark einer Vanilleschote aufkochen und statt der Mandelblättchen 40 g gehackte Pistazien auf den Auflauf streuen.

TRIFLE MIT SAUERKIRSCHEN

Für Naschkatzen, die es nicht quietschsüß mögen

FÜR 4–6 PERSONEN

- **1 kleine Bio-Orange**
- **1 Glas Schattenmorellen ohne Stein** (Sauerkirschen; ca. 350 g Abtropfgewicht)
- **1 Schuss Orangenlikör** (nach Belieben)
- **3–4 EL Zucker** (je nach gewünschter Süße)
- **2 EL Speisestärke**
- **150 g Pumpernickel** (siehe Reste-Tipp)
- **250 g Magerquark**
- **200 g Sahne**
- **Salz**
- **Zitronenmelisse- oder Minzeblättchen zum Garnieren**

BEI 6 PERSONEN PRO PERSON:
260 KAL.
ZUBEREITUNGSZEIT: 30 MIN.
+ 1 STD. KÜHLEN

1 Die Orange heiß waschen und abtrocknen. Die Schale abreiben und den Saft auspressen. Die Schattenmorellen in ein Sieb gießen, dabei den Saft auffangen. Ca. 6 EL Saft mit 3 EL Orangensaft und nach Belieben mit dem Orangenlikör mischen und beiseitestellen. Restlichen Sauerkirschsaft mit 1 EL Zucker, 1 EL Orangenschale und der Speisestärke verrühren, mit den Schattenmorellen in einen Topf geben, einmal aufkochen und dickflüssig werden lassen. Das Ganze umfüllen und lauwarm abkühlen lassen.

2 Während des Abkühlens den Pumpernickel grob zerbröseln. 1 EL Brösel zum Garnieren beiseitestellen. Die restlichen Brösel auf vier bzw. sechs Gläser verteilen, mit der beiseitegestellten Kirsch-Orangen-Saftmischung beträufeln und ziehen lassen.

3 Den Quark mit dem restlichen Orangensaft glatt rühren. Die Sahne mit 1 Prise Salz und dem restlichen Zucker steif schlagen und unter den Quark heben. Die Quarksahne auf die Pumpernickelbrösel geben, darauf die Kirschen mit Saft schichten. Die Trifles mind. 1 Std. kühl stellen, dann mit beiseitegelegten Bröseln, etwas Orangenschale und der Zitronenmelisse oder Minze garnieren und servieren.

RESTE-TIPP: Statt Pumpernickel schmeckt auch übrig gebliebenes Kastenvollkornbrot mit Nüssen sehr gut.

BANANEN-BEIGNETS MIT SESAMHONIG

Sorgen für gute Laune trotz Ebbe auf dem Konto

FÜR 4 ZUM DESSERT

- -

75 ml Milch

15 g Butter

Salz

50 g Mehl

2 Eier (Größe S oder M)

ca. ¼ l Öl zum Ausbacken

50 g flüssiger Honig

1 EL Sesamsamen

2 Bananen

1–2 TL Zitronensaft

Puderzucker (nach Belieben)

- -

PRO PERSON: 265 KAL.
ZUBEREITUNGSZEIT: 20 MIN.

1 25 ml Milch mit knapp 50 ml Wasser, der Butter und 1 Prise Salz aufkochen. Das Mehl sieben und auf einmal in die Flüssigkeit schütten. Mit einem Holzlöffel so lange rühren, bis sich der Teig gut vom Topfboden und vom Löffel löst. Den Teig in eine Schüssel geben.

2 Die Eier einzeln mit dem Pürierstab unter den Teig rühren, dann die restliche Milch ebenfalls mit dem Pürierstab unterrühren, sodass ein dickflüssiger Teig entsteht.

3 Das Öl zum Ausbacken in einem kleinen Topf erhitzen. Inzwischen den Honig in einem kleinen Topf erhitzen und den Sesam unterrühren. Die Bananen schälen, mit Zitronensaft beträufeln und in daumendicke Stücke schneiden. Die Bananenstücke durch den Teig ziehen, im heißen Öl in 1–2 Min. auf jeder Seite goldbraun ausbacken, herausnehmen und auf Küchenpapier entfetten. Die Bananen-Beignets auf Teller verteilen, mit dem Honig beträufeln und sofort servieren. Nach Belieben mit Puderzucker bestreuen.

TIPP: Auch geschälte und in Scheiben geschnittene Äpfel lassen sich auf diese Weise prima ausbacken.

4 x BILLIGES DESSERT ...

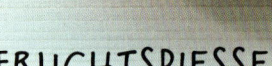

APFELMUS-CRUNCH

Für 4 Personen

6 säuerliche **Äpfel** (z.B. Elstar, ca. 750 g) vierteln, schälen, das Kerngehäuse entfernen und die Viertel in Stücke schneiden. Äpfel mit 2 EL frisch gepresstem **Zitronensaft**, 3 EL **Zucker**, 4 EL Wasser und 1 Stück Bio-**Zitronenschale** in einen Topf geben. Aufkochen und bei schwacher Hitze in ca. 15 Min. weich kochen. Die Zitronenschale herausnehmen, alles mit dem Pürierstab pürieren und abkühlen lassen. 250 g **Magerquark** mit 1 EL frisch gepresstem Zitronensaft und 2 EL Zucker glatt rühren. 150 g **Joghurt** unterheben. 2 **Erdnusskrokant-Riegel** (à ca. 40 g, z.B. Tom's) fein hacken. Das Apfelmus mit Quarkcreme und Krokant in vier Schälchen schichten.

FRUCHTSPIESSE

Für 4 Personen

2 EL **Kokosraspel** in einer Pfanne ohne Fett goldbraun rösten. Vom Herd nehmen. 2 kleine **Bananen** schälen und in dicke Scheiben schneiden, sofort mit **Zitronensaft** beträufeln. 2 **Clementinen** schälen und in Spalten teilen. 200 g **Erdbeeren** waschen, trocknen und putzen. 200 g blaue **Weintrauben** waschen und abzupfen. Das Obst abwechselnd auf acht Schaschlikspieße stecken. 150 g **Joghurt**, 1 EL frisch gepresster Zitronensaft und ½ TL abgeriebene Bio-**Zitronenschale** mit 1 EL **Vanillezucker** glatt rühren. Die Fruchtspieße mit der Joghurtsauce anrichten und mit den Kokosraspeln bestreuen.

TIPP: Sie können das Obst je nach Saison und Geschmack kombinieren.

… für die Lust auf Süßes: mit Früchten, Quark und Schokolade. Schont Haushaltskasse und Kalorienbudget.

HIMBEER–SEMIFREDDO

Für 4 Personen

300 g **TK-Himbeeren** in ein hohes Gefäß geben und ca. 15 Min. antauen lassen. 2 EL **Puderzucker**, 1 Päckchen **Vanillezucker** und 200 g **saure Sahne** hinzufügen. Alles mit dem Pürierstab nicht zu fein pürieren – es dürfen ruhig ein paar Fruchtstücke sichtbar sein. Die Fruchtmasse sofort in vier Gläser oder Schalen füllen und 15–20 Min. ins Gefrierfach stellen. Inzwischen 12 kleine **Baiser-Teilchen** grob hacken. Vor dem Servieren auf das Semifreddo streuen.

TIPP : Das Semifreddo können Sie nach Belieben mit anderen Früchten wie Brombeeren, Heidelbeeren, Sauerkirschen oder einer Beerenmischung variieren – nur tiefgekühlt sollten sie sein.

SCHOKO–CHILI–PUDDING

Für 4 Personen

1 Päckchen **Schokoladenpuddingpulver** mit 2 EL **Zucker** und 100 ml **Milch** in einer Schüssel verrühren. 50 g **Zartbitterschokolade** grob hacken. 400 ml Milch in einem Topf aufkochen. Puddingpulver-Mix, Schokolade und 1 TL **Chiliflocken** unter Rühren hinzufügen, ca. 1 Min. kochen lassen. Schokoladenpudding in vier Gläser (à 150 ml) füllen und mit Folie zugedeckt ca. 1 Std. kalt stellen. Vor dem Servieren 100 g **Sahne** halb steif schlagen und auf dem Pudding verteilen. Mit ganz wenig Chiliflocken bestreuen.

SAISON-HIGHLIGHTS AM BILLIGSTEN UND BESTEN ...

... IM FRÜHLING

SAISON-SCHNÄPPCHEN: Erdbeeren, Bundmöhren, frische Kräuter (Schnittlauch, Kerbel, Dill), Frühlingszwiebeln, Kopfsalat, Orangen, Radieschen, Spargel, Spitzkohl, Zitronen

... IM SOMMER

SAISON-SCHNÄPPCHEN: Auberginen, Fenchel, grüne Bohnen, Himbeeren, frische mediterrane Kräuter (Rosmarin, Thymian, Salbei), Paprikaschoten, Romanasalat, Salatgurken, Tomaten, Zucchini

... IM HERBST

SAISON-SCHNÄPPCHEN: Äpfel, Birnen, Blumenkohl, Brokkoli, Kartoffeln, Kürbis, Lauch, Paprikaschoten, Pilze, Zwetschgen

... IM WINTER

SAISON-SCHNÄPPCHEN: Bananen, Chicorée, Chinakohl, Grünkohl, Endiviensalat, Kartoffeln, Knollensellerie, Mandarinen, Orangen, Rote Bete, Weißkohl, Wirsing, Zwiebeln

GELD ÜBRIG?

DANN IST JA NOCH EIN KINOABEND DRIN!

REGISTER VON A–Z

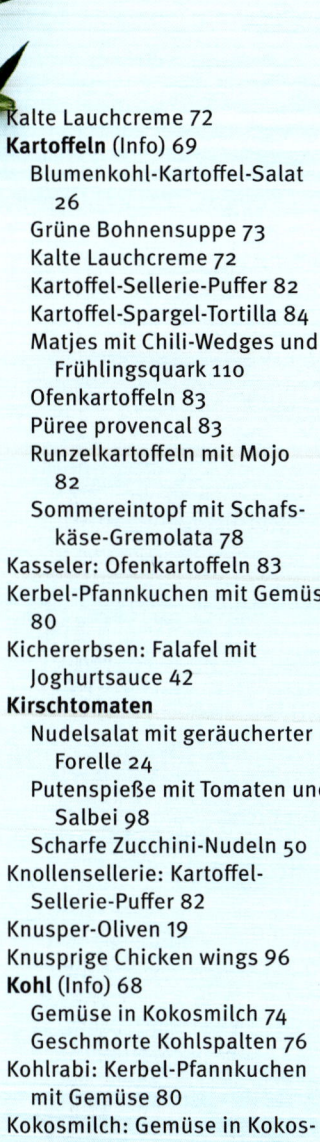

IMPRESSUM

Die Autorinnen

Susanne Bodensteiner Die Literaturwissenschaftlerin und leidenschaftliche Köchin kocht jeden Tag für Mann und zwei Söhne und häufig und gern für Gäste. Als Freiberuflerin mit unregelmäßigem Einkommen kennt sie eine knappe Kasse nicht nur vom Hörensagen. Oft muss sie beim täglichen Einkauf mit einem schmalen Budget auskommen. Wenig Kohle macht sie mit viel Fantasie wett, und so gelingt es ihr, magere Zeiten genussvoll zu überstehen. Für die »Sparsamen« entwickelte sie nicht nur Rezepte, sondern verfasste auch alle Service- und Tippseiten im Buch und gab ihre Spartricks preis.

Martina Kittler Die Ökotrophologin und Mutter zweier Kids im Teenager-Alter weiß den Balanceakt zwischen XXL-Portionen, preiswertem Kochen und ausgewogener Ernährung zu meistern. Als passionierte Schnäppchenjägerin hält sie täglich Ausschau nach billigsten Angeboten bestmöglicher Qualität und zaubert daraus in der Küche mit Know-how und Kreativität pfiffige neue Gerichte. So wie hier: Über die Hälfte der sparsamen, unkomplizierten und familientauglichen Rezepte, die erst die Prüfung der hauseigenen Jury bestehen mussten, stammen von ihr. Und ist am Ende des Monats noch Geld übrig, gibt's Steak oder Sushi für die ganze Familie.

Der Fotograf

Michael Wissing Der Fotodesigner (BFF), Fotograf und Schriftsetzer arbeitet in seinem Studio im Schwarzwald für renommierte internationale Magazine, Agenturen, Firmen und Verlage und erhielt bereits mehrere internationale Preise und Auszeichnungen. In Szene gesetzt wurden die günstigen Gerichte von Andreas Neubauer (Foodstylist).

Bildnachweis
Alle Fotos:
Michael Wissing

Syndication:
www.jalag-syndication.de

Projektleitung: **Sigrid Burghard**
Lektorat: **Katharina Lisson**
Umschlag und Gestaltung:
**independent Medien-Design,
Horst Moser, München**
Herstellung: **Claudia Labahn**
Korrektorat: **Petra Bachmann**
Satz: **abavo GmbH, Buchloe**
Reproduktion: **Longo AG, Bozen**
Druck: **Firmengruppe APPL,
aprinta, Wemding**
Bindung: **Firmengruppe APPL,
sellier, Freising**

© 2010 GRÄFE UND UNZER VERLAG
GmbH, München

ISBN: 978-3-8338-1896-7

1. Auflage 2010

GRÄFE
UND
UNZER

Ein Unternehmen der
GANSKE VERLAGSGRUPPE

DAS ORIGINAL · GU · MIT GARANTIE

Unsere Garantie

Alle Informationen in diesem Ratgeber sind sorgfältig und gewissenhaft geprüft. Sollte dennoch einmal ein Fehler enthalten sein, schicken Sie uns das Buch mit dem entsprechenden Hinweis an unseren Leserservice zurück. Wir tauschen Ihnen den GU-Ratgeber gegen einen anderen zum gleichen oder ähnlichen Thema um.

**Liebe Leserin
und lieber Leser,**

wir freuen uns, dass Sie sich für ein GU-Buch entschieden haben. Mit Ihrem Kauf setzen Sie auf die Qualität, Kompetenz und Aktualität unserer Ratgeber. Dafür sagen wir Danke! Wir wollen als führender Ratgeberverlag noch besser werden. Daher ist uns Ihre Meinung wichtig. Bitte senden Sie uns Ihre Anregungen, Ihre Kritik oder Ihr Lob zu unseren Büchern. Haben Sie Fragen oder benötigen Sie weiteren Rat zum Thema? Wir freuen uns auf Ihre Nachricht!

Wir sind für Sie da!
Montag – Donnerstag:
8.00 – 18.00 Uhr;
Freitag: 8.00 – 16.00 Uhr
Tel.: 0180-5 00 50 54* *(0,14 €/Min. aus
Fax: 0180-5 01 20 54* dem dt. Festnetz/
Mobilfunkpreise
E-Mail: maximal 0,42 €/Min.)
leserservice@graefe-und-unzer.de

P.S.: Wollen Sie noch mehr Aktuelles von GU wissen, dann abonnieren Sie doch unseren kostenlosen GU-Online-Newsletter und/oder unsere kostenlosen Kundenmagazine.

GRÄFE UND UNZER VERLAG
Leserservice
Postfach 86 03 13
81630 München

KLEINE & GROSSE SPARTIPPS

FLEISCH AN DER THEKE KAUFEN

Bei einem guten Metzger bekommen wir in der Regel mehr Qualität für unser Geld und oft Zubereitungstipps noch gratis dazu. Hochwertiges Fleisch schrumpft beim Braten kaum. Und Hackfleisch wird beim guten Metzger frisch durchgedreht. So sehen wir, welches Fleisch verwendet wird.

SAISONGEMÜSE UND -OBST BEVORZUGEN!

Was bei uns gerade auf dem Freiland wächst, ist nicht nur preiswert, sondern meist auch gut ausgereift, besonders nährstoffreich und mit weniger Schadstoffen belastet – also rundum gut und günstig!

EISKALT GESPART

Tiefkühler und Kühlschrank laufen rund um die Uhr. Deshalb machen sich moderne Energiespargeräte (Effizienzklasse A+ und A++) schnell bezahlt. Beim Kauf die richtige Größe wählen: für Singles max. 140 l Inhalt, bei Familien 50 l pro Familienmitglied.

HAPPY HOUR!

In manchen Bäckereien gibt's kurz vor Ladenschluss einen Preisnachlass, in anderen kostet Brot vom Vortag nur noch die Hälfte.

ENERGIESPAR-TRICK AUS UROMAS ZEITEN

Statt Linsen lange auf dem Herd zu garen, die Hülsenfrüchte nur kurz aufkochen. Dann den zugedeckten Topf in ein Handtuch wickeln und unter die Decke ins Bett stellen. Nach 4 Std. sind die Linsen gar.

GEMEINSAM GÜNSTIG EINKAUFEN!

Egal ob wir im Großmarkt oder beim Bauern in der Umgebung einkaufen wollen: Eine längere Anfahrt lohnt sich eher, wenn wir uns mit Nachbarn oder Freunden zusammentun. So können wir den Sack Bio-Kartoffeln und auch die Fahrtkosten teilen.

AKTIONEN

Bei Discountern gibt's an bestimmten Aktionstagen italienische oder asiatische Spezialitäten oder Bio-Produkte sehr günstig. Achten Sie auf die Anzeigen in der Tageszeitung. Kokosmilch, Soja- oder Chilisauce, Oliven im Glas, Bio-Bulgur und in Öl eingelegte Tomaten können Sie super auf Vorrat kaufen. Frische Ingwerknollen lassen sich gut einfrieren.

Weitere Spartipps finden Sie auf www.gu.de/Spartipps

EIN LEERER KÜHLSCHRANK VERBRAUCHT MEHR STROM!

Ein Kühlschrank in Gebrauch sollte voll sein. Denn jedes Mal, wenn die Tür geöffnet wird, fällt kalte Luft aus dem Innenraum. Warme Luft strömt herein und muss erneut runtergekühlt werden. Ist der Kühlschrank gut gefüllt, kann weniger kalte Luft entweichen. Und die einmal gekühlten Joghurtbecher, Butterpäckchen oder Sektflaschen halten die Kälte wie Kühlelemente. Chronisch unterbesetzte Kühlschränke deshalb zur Not mit Dosen, Flaschen oder Gläsern aus dem Vorratsschrank füllen.

NEBEN EINER BILLIGEN UND EINER TEUREN FLASCHE WEIN

steht noch eine sehr teure. Wetten, dass wir zur mittleren Preisklasse, also zum teuren Wein greifen?

PARMESAN PREISWERT!

Grana Padano ist ein Hartkäse, der geschmacklich mit Original Parmigiano-Reggiano mithalten kann, meistens aber weniger kostet. Wie der bei uns bekanntere Parmesan wird er streng kontrolliert aus Rohmilch hergestellt. Er darf eine etwas kürzere Reifezeit haben. Grana Padano gibt's in fast jedem Supermarkt. Bitte den Käse wie Parmesan grundsätzlich am Stück kaufen und bei Bedarf selbst reiben.

ÜBERREIFE TOMATEN IM SONDERANGEBOT?

Ganz viele kaufen, häuten, einfrieren – Sonnenaroma für Wintersaucen!

TEURES OLIVENÖL EXTRA VERGINE FÜR SALATE RESERVIEREN

oder zum Schluss wie ein Gewürz zum Aromatisieren unter warme Speisen rühren. Zum Kochen und Braten grundsätzlich einfaches Pflanzenöl verwenden. Das ist preiswert, geschmacksneutral und hitzestabil, zum Würstchenbraten ebenso gut geeignet wie für Wokgerichte.

BOURBON-VANILLEZUCKER SELBER MACHEN

1 Vanilleschote aufschlitzen und das Mark herauskratzen. Schote und Mark mit 100 g Zucker mischen und 1 Woche ziehen lassen. Fertig sind 10 Päckchen (à 10 g) allerfeinster Vanillezucker ohne jedes künstliche Aroma.

AM ENDE GÜNSTIG!

Ob Goudakäse, Leberwurst oder Südtiroler Speck: Endstücke schmecken genauso gut, sind aber an der Fleisch- oder Käsetheke viel preiswerter.

OBST UND GEMÜSE LOSE KAUFEN

Kirschtomaten machen uns in der hübschen Transparentbox an. Erst zu Hause merken wir, dass sie überreif und matschig sind.